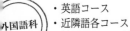

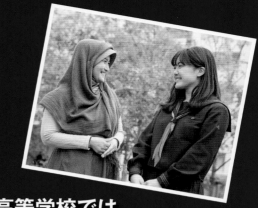

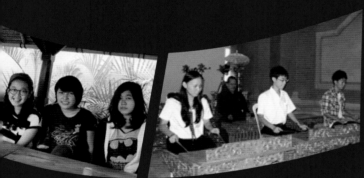

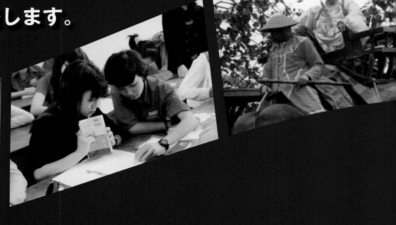

CONTENTS

Success15 8

http://success.waseda-ac.net/

サクセス15
August 2020

表紙：慶應義塾高等学校

どうなる？

今年の学校説明会

コロナ禍の影響で、今年の各都県の合同学校説明会は軒並み中止（延期）を余儀なくされました。例年ならこれらの合同学校説明会を皮切りに、各校の学校説明会が始まるところですが、全国的に緊急事態宣言が解除されたとはいえ、学校説明会の開催は手探り状態です。今年の学校説明会はどうなるのか、探ってみたいと思います。

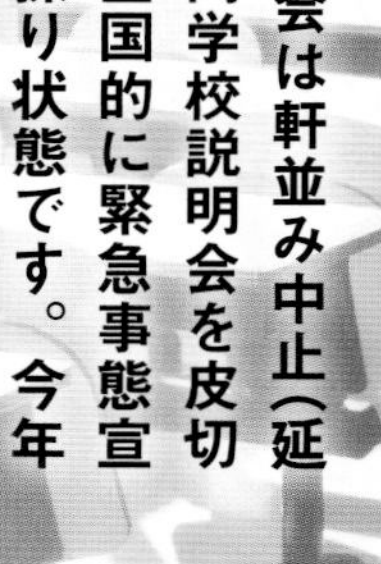

オンライン授業の手法がWEB学校説明会へと展開

6月に入り、首都圏でも緊急事態宣言は解除されましたが、学校現場は春休みの登校制限を含めれば3カ月にわたって活動がストップしてしまいました。

そこで各校が、まず手をつけたのは、自校の生徒が自宅で授業を受けられるようにすることでした。週ごとの課題を設定、テキストのページを指定して進行具合を報告させるところから始まりました。まだ会っどうなる?
今年の学校説明会

たこともない新入生の担任は大変でした。教科書や自己紹介文の郵送から始めねばならなかったからです。

その次に、私立高校の多くはオンライン授業に手をつけました。公立高校でも神奈川県立生田や都立武蔵野北などは、いち早く教員同士がビデオを撮り、生徒に配信しています。

その出来ばえや精度は、学校によって格差が出ました。「教員の熱さ」がWEBを通して生徒に伝わった学校があれば、結局プリントを送っただけという学校もありました。

学校と生徒の自宅をつないだのはZoom、TeamsなどのWEB会議システムで、毎朝ホームルームに利用した学校もあります。

ここで蓄積されたオンラインシステムが、WEB学校説明会を立ち上げる原動力となります。

問題となった「いつ?」の周知 やはりリアルで説明会をやりたい

始まったWEB学校説明会は、一定の効果は上げましたが、学校の先生たちの手応えはもうひとつでした。

学校ホームページに予定を掲載したり進学塾を通じてPRしたりはしたものの「いつ?」の周知はまだまだで、集まりはいまひとつという学校が多かったようです。

「人数や反応は、やはりリアルの説明会にはかなわない」「受験生の顔が見たかった。パソコン上では顔を出さない人もいる」などの声が聞こえました。

さて、緊急事態宣言の解除を受けて、各校からWEB学校説明会と並行してリアルの説明会を再開したいという連絡がきています。しかし、当面は「密」を避けるために、先着順で人数制限をして実施する学校が多いようです。

WEB学校説明会は、自宅にいながらにして参加でき、録画しておけば自由に繰り返し視聴できるなどの利点はありますが、実際に学校の雰囲気を感じ取れるのは、「足を運ぶ」ことにはかないません。

参加人数に制限がある場合がありますので、各校のホームページに注意し、感染の予防に努めながら参加の道を探ってみてください。

先生たちはお互いの授業を、ホームビデオカメラやスマートフォンで撮るなど、すぐに対応を始めた

WEB説明会

- 自宅にいながら参加できる。
- 録画しておけば繰り返し視聴できる。

リアル説明会

- 実際に学校の雰囲気を感じ取れる。
- 先生から直接話が聞けて質問ができる。

それぞれ利点がありますが、実際に足を運ぶことにはかないません。

学校説明会で学校は君になにを語りたいか

森上教育研究所
所長
森上展安

前のページまで、特殊ともいうべき今年の学校説明会の現状を見てきました。昨年までに比べて受験生が学校を知る機会が、時間的にも空間的にも制限されることはやむをえません。じつは、それは学校側にとっても同じことです。自らの学校を少しでも受験生に知ってもらいたい学校は、受験生と対面する機会を奪われて四苦八苦しています。

そこでこの機会に、学校は学校説明会でなにを訴えたいのか、また、学校には、ぜひこれだけは受験生に伝えてほしい、という視点から森上展安氏に論じていただきました。これを知ることによって、受験生には少しでも説明会の不足分をカバーしていただければと思います。なお、10、11ページでは、コロナ禍で図らずも進化したWEB説明会について、引き続き森上氏に分析していただきます。

学校説明会は なんのためにあるのか

みなさんは、学校説明会はなんのためにあるのだと思いますか。

前号でも『あなたにとって初めての選択』と題して少し

学校説明会で
学校は君になにを語りたいか

触れましたが、公立学校に、小学校―中学校と通学した場合（私立中学が全国一多い東京でも、公立で過ごす生徒は学年全体の8割ほどにも達します）、彼ら彼女らは、高校での教育を前にして初めて、「教育、そして学校」を選択することになります。

当然、選択にあたっては判断材料が必要です。

あなたが大学3年生になったら、就職活動をする段階で様々な会社の「会社説明会」に足を向けると思います。人生の大半を過ごすことになるかもしれない会社の説明会ですから、積極的に質問をしたり、ほかの会社の説明会と比べたりして、少しでも判断材料を増やすことを考えるでしょう。

高校を選ぶ際には、その会社説明会が「学校説明会」と呼ばれるものになります。

学校説明会は、高校を選ぶ際の判断材料の1つなのですね。

学校を説明するための3つのポイントとは

では学校は、学校説明会でなにを説明するのでしょうか。

本来のあり方は、学校が教育の方針としている3つのことを説明することです。

その3つとは、

1 アドミッション・ポリシー
2 カリキュラム・ポリシー
3 ディプロマ・ポリシー

です。

中学生のみなさんにとっては「ちょっと初めて聞くよ」という言葉でしょうから説明します。

「アドミッション・ポリシー」は、各学校が示している「入学者受け入れ方針」のことです。これは各高校のホームページのなかを探せば必ず載っています。

「本校の期待する生徒の姿」「自分の目標を持っている○○生」「学びあい、自分で学べる生徒」「リーダーの役割を担うことができる女性の育成を目指しています」などのタイトルで、それぞれの学校が「どんな人材を育てているのか」といったことが書かれています。これらのアドミッション・ポリシーを知ることは、学校選びや受験の準備をするうえでとても重要です。

学校選びに際して、自分の性格、考え方や、興味関心と、各学校の「求める生徒像」を照らしあわせて考えてみれば、自分に合った学校に近づくことができます。

学校側は、アドミッション・ポリシーに合った生徒の入学が多ければ多いほど、その3年間をサポートすれば満足度の高い学校生活を提供できます。ですから、学校説明会ではどんな生徒に入学してきてほしいかの説明に時間が割かれます。

大切だけれども忘れられている学校の本質を説明すること

「カリキュラム・ポリシー」では、学校に入ってから、みなさんはどのような毎日を送って、実際の授業や課外でなにを学ぶかが説明されます。

堅い言葉でいえば、「教育課程の編成」や「実施方針」が話されます。

「ディプロマ・ポリシー」には、その学校がどのような出口戦略をとっているかということが示されます。つまり、みなさん3年後には、このような人になって卒業していきますよ、ということが説明されます。

中学生のみなさんにとって、3つのポリシーのうちアドミッション・ポリシーについては塾や学校の先生から聞く機会も多いでしょうし、実際に進学できるかできないかのポイントにもなりますから最重要の情報です。

また、ディプロマ・ポリシーについては、おなじみの進学実績の情報などがありますから、学校もみなさんも受発信はしやすいでしょう。

各学校はホームページなどを通じて積極的に受験生向けの情報を提供しています。

生徒へのインタビュー記事が載っていたり、卒業生のその後について紹介し、その働きぶりを取り上げたりもします。

ここまで述べた3つのポリシーは、学校案内パンフレットなどの冊子による、紙上の情報だけではなかなか伝わらない部分が多くあります。

これらのことが最もよく伝わるのは、冊子でもホームページでもなく「学校説明会だ」と、各校の広報担当は口をそろえます。学校説明会にはオープンキャンパスや部活動紹介などがオプションされていたりしますので、やはり、学校の雰囲気をより深く知るうえでは重要な情報の1つなのだということです。

残念なことに、3つのなかで最も情報として伝えにくい

学校説明会で
学校は君になにを語りたいか

のがカリキュラム・ポリシーです。これは「学校を選ぶ」といいながら、じつは自らに対する「教育を選ぶ」ための情報で、最も大切なものです。学校の中身について、その本質を説明するものだからです。

それがないままの現状の学校説明会は、入口（アドミッション）と出口（ディプロマ）の情報ばかりで中身が見えないまま、入口の入りやすさ・入りにくさ、出口の良さ・悪さで「学校と教育」を選んでいる、といっても過言ではありません。

このことが、じつは最大の問題なのです。

学校説明会で、多くの受験生・志望者に伝える、また伝わってほしいことはまさにカリキュラム・ポリシーだ、といっていいくらいなのにです。

当然のことが説明されてこなかったのは

しかしなぜそんな当然のことがこれまで十分に行われてこなかったのでしょうか。

それは、入試という入り口のカベが高く厚いために「いま入学後のことを考えても仕方がない」となり、いわば入試の難しさが品質（中身）を保証する形になってしまっている現状があるからです。

つまり、学校説明会では簡単に触れるだけの教育の中身は、入試難度が高ければ「中身もいいものなのだ」と、みんなが思ってしまっている、ということです。

確かに、いまでも、またこれからしばらくの間も、首都圏では受験生の数が増加していく状況ですから、とくに難関校では高い実倍率が続きます。「合格しなくちゃ始まらない」という実情は変わらないでしょう。

ただし、そこに合格していくのは、いわばひと握りの生徒です。

中堅校以下に目を転ずると実倍率は1倍台ですし、私立高校の場合は一般入試よりも推薦入試が大勢といえる状況です。

この推薦入試では、高校と中学校の先生が話しあい、入試（推薦）を受ける前に合否が決まっている現状です。

だとすれば、その前に出かけていく学校説明会で、学校の中身をしっかり吟味して選んでおくことが受験生にとって、最も必要で大切なことだといえます。

学校の側も、そこで学校生活の本質であるカリキュラム・ポリシーを１００％公開しておくことが「説明責任」というものでしょう。

このページは「学校説明会で学校は君になにを語りたいか」をお話しする場でしたが、「学校に語ってほしいこと」に対象が入れ替わってしまいました。

いずれにしても、これから高校に進もうとするみなさんが主役であることは間違いがありません。

学校説明会の場でも、「いまの自分」ではなく「将来の自分」のために、貪欲にその学校を感じて帰ってきてほしいと思います。

◆

さて、次のページではここで述べた弱点の補強策も示唆している、コロナ禍で図らずも進化したＷＥＢ説明会について、引き続き森上氏に話していただきます。

勝手が違った 2020年の学校説明会

コロナ禍が進化させた ＷＥＢ説明会とオンライン授業

今年の学校説明会は、その始まりが従来と大きく勝手が違っていました。

新型コロナウイルスの感染を避けるために、学校が緊急事態宣言によって、4月から5月いっぱいまで休校、春休みの登校制限を含めれば3カ月におよぶ「舞台なし」に追い込まれてしまったからです。

そのため、この間の学校説明会をＷＥＢで行う学校が相当数にのぼりました。

これまで、可能性は論じられても一歩を踏み出せないでいた「ＷＥＢ説明会」が、あちらでもこちらでも、アッという間に立ち上げられました。

学校からみるとＷＥＢ説明会は、自校の生徒への教育保証であった「オンライン授業」との両輪で走り出しました。いま各高校には「情報」という授業があり、情報を担当するＷＥＢに詳しい教員が必ず1人は在籍しています。その先生がフル回転で、まさに寝る間も惜しんでの活躍だったと聞いています。

受験生の側からみると、休校中で自宅学習を余儀なくされていた中学生のみなさんにとっては、自宅にいながらにして学校説明を聞くことができました。

ご両親もテレワーク中の合間をぬって、同様に各校の説明会を視聴できたのではないでしょうか。

図らずも、「学校説明会へのアクセス」について、とても利便性が上がったといえます。

受験生側の機会は均等だったか 情報へのアンテナは張れているか

そこで、どんなことがこのＷＥＢ説明会で起こったのか、そして今後に示唆することについても考えてみたいと思います。

利便性については、一方で家庭にスマホやパソコンはあったとしてもＷｉ－Ｆｉなどでネットにつながる環境がなければ、当然ながらその受信ができないので、その利便を享受できず、そうした準備が整っていないと「情報」格差が生まれかねません。

この間のＷＥＢ説明会で、浮き彫りとなった「デジタル格差」は、デジタル機器の有無、Ｗｉ－Ｆｉの有無という物的な有無の形で表面化しました。しかし、それは、「選択」という場面ではしばしば生じる「機会損失」現象と言い換えてもよいと思います。

せっかくの機会が、そこに与えられているにもかかわらず、そのチャンスを活かせない、という場面です。

ＷＥＢ説明会という入り口からみれば、それは機器の問題のようにみえますが、通常のリアルの説明会であっても、これは起こりうる問題です。

勝手が違った 2020年の学校説明会

例えばその学校に注意を払っていなければ、または学校を通じて説明会の案内があったとしても興味関心がなければ、学校説明会が開かれること自体を見過ごしてしまうでしょう。

つまり、機会損失という現象はデジタル格差で生じるのではなく、「選択」する当事者がアンテナを張ることでチャンスをものにするかどうかで生じてくるのです。受験生、保護者には、主体的なかまえ、準備が必要だということです。

録画された動画で説明容易なカリキュラム・ポリシー

そのために、少なくともどの学校をマークするか、受験生、保護者は「あたり」をつけておく必要があります。

学校側からみると、「あたり」をつけている、受け手側のアンテナに届くように信号を送る必要があります。その信号が、前ページで触れた「3つのポリシー」というわけです。

WEB説明会は、じつは日時に縛られません。動画を録画しておきさえすれば、受験生側は、いつどこででも、繰り返し見ることができます。

一方、学校側はといえば、先生方にとっても「録画」というテクニックが、使い勝手のよさを発揮しました。授業を動画に撮っておくことで、コロナ禍のもとでも遠隔授業がほぼ実現できました。

この授業動画はWEB説明会でも利用できます。「このように授業を展開しています」と、前ページでは露出が難しいとされたカリキュラム・ポリシーを容易に説明することができるのです。

実際の授業動画を示して、わかりやすく伝えることができるわけですからね。そこでは授業の実際のやり取り、進度などがわかりますし、先生の授業の設計も説明されます。

カリキュラム・ポリシーの公開が、ここでは容易なものとしてクローズアップされることになったのです。

図らずも進化することになったWEB説明会が、今後の学校説明会のあり方を示唆するものにもなっています。

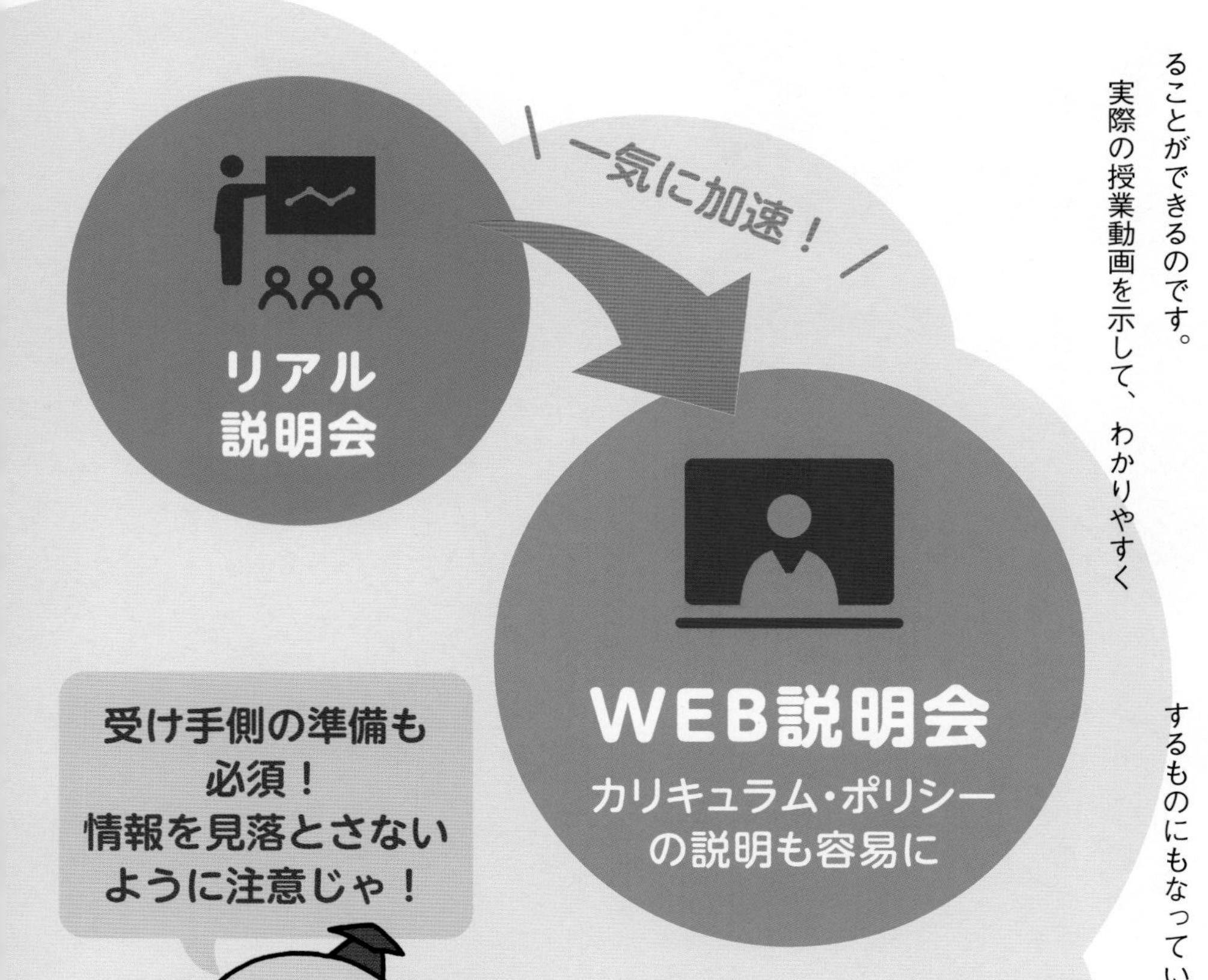
リアル
説明会
一気に加速！
WEB説明会
カリキュラム・ポリシー
の説明も容易に
受け手側の準備も
必須！
情報を見落とさない
ように注意じゃ！

森上教育研究所
1988年、森上展安氏によって設立。受験と教育に関する調査、コンサルティング分野を開拓。私学向けの月刊誌のほか、森上を著者に教育関連図書を数多く刊行。

夜空を彩る夏の風物詩

伝統と革新の「花火」

夏の風物詩として、毎年親しまれてきた打ち上げ花火。しかし今年は、新型コロナウイルスの影響で次々と花火大会の中止が決まり、悲しい思いをしている人も多いことでしょう。今回はそんなみなさんに少しでも夏の気分を味わってもらおうと、花火に関する特集をご用意しました。日本煙火《えんか》協会・専務理事の河野晴行さんご協力のもと、花火の魅力をたっぷりお伝えします。

キーワードで振り返る花火の歴史

「花火」と聞いてみなさんはどんな花火をイメージしましたか？　おそらく、この背景にあるような夜空に輝く打ち上げ花火ではないでしょうか。しかし、日本で最初に人々に親しまれた花火はおもちゃ花火だったといいます。ここでは各時代のキーワードとともに、花火の歴史をたどっていきましょう。

●火薬の伝来

16世紀、戦国時代に鉄砲とともに伝来した黒色火薬。のちに花火の原料として欠かせなくなるものですが、このころはあくまでも鉄砲やのろし（※1）など、戦いの場で使われるものとして広まっていきました。なお、花火の技術は西洋の方が進んでおり、すでに14世紀にはイタリア・フィレンツェでお祭りの一環として行われています。

●花火のはじまり

江戸時代になって戦が減ると、武士が戦いの道具として扱っていた黒色火薬は、商人や町人が花火の原料として扱うものになります。

当時はまだ打ち上げ花火を作る技術はなかったので、葦《よし》（※2）のなかに火薬を敷き詰めたねずみ花火の原型となるものや、筒に火薬を敷き詰め込んで火花が噴出するものを作り、人々はその様子を楽しんでいました。こうしたおもちゃ花火が、日本で作られた最初の花火です。

●花火禁止令

やがておもちゃ花火は江戸の街で大流行しますが、木造ばかりの街で縦横無尽に動くねずみ花火などが思わぬ火災の原因に。「花火禁止令」

※1 敵襲などを知らせるために、高く上げる煙や火　※2 河川や湖沼に生える背の高い植物

が出され、花火に興じることができる場所もいまの隅田川下流域のみに制限されます。それでもおもちゃ花火は根強い人気を誇り、毎年禁止令が出されるものの、花火の流行は止まらなかったといいます。

●船上花火の登場

18世紀には、船の上で楽しむ「船上花火」が浸透していきます。そこから武士ののろしなどを打ち上げる技術と、商人・町人のおもちゃ花火を作る技術を融合させた花火が製作されるようになり、夜空の「花」を楽しむ文化が定着していきます。

なお、「花」とは、火薬を玉の形に成形した「星」を詰めた球体（花火玉）が夜空に打ち上がった状態のこと。我々が普段見ている花火が打ち上がった状態は、「夜空に花が咲いた状態」なのです。

●カラフルな花火

明治時代になると、海外からマッチの原料などの薬剤が輸入されます。輸入した薬剤を混合することで、それまで橙1色の強弱で表現していた「花」が、より豊かな色彩で表現できるようになりました。

花火の技術は西洋の方が進んでいたため、こうした西洋花火の技術を日本でも導入していくことになります。このころから日本でも薬剤の調合や、打ち上げ技術の研究などが始まり、明治後期から大正にかけて、日本の花火技術もどんどんレベルアップ。現在の形へとつながっていきます。

●製造中止

ときは流れ、太平洋戦争が勃発。花火の製造は中止、戦後は火薬の製造自体も禁止されてしまいます。しかし、１９４８年にGHQによって解禁されて以降、徐々に再び花火を楽しめるようになりました。

●新しい挑戦

昭和の終わりから、花火の打ち上げ方式も飛躍的に進歩します。17ページで詳しく紹介するスターマインの導入によって、1発ずつだった打ち上げが短時間で一気に大量にできるようになり、展開もよりスピーディーに。

そのほか、花火の光が時間差で移動するもの、新しい色を使ったもの、音楽とシンクロさせたものなど、日々発展を遂げる日本の花火。花火師たちは、受け継がれる伝統・技術を大切に守り抜きながら、つねに新しい挑戦を続けています。

花火にまつわるエトセトラ

ここからは、花火に関する様々な豆知識をご紹介していきます。見る者を魅了するその美しさはみなさんも十分知っていると思いますが、打ち上げ技術のことや製造工程、花火の名前など、まだ知らないことも多いのでは？　これを読むと、きっといままで以上に花火を楽しめるようになるはずですよ。

花火を構成する４要素

多彩な色での表現が可能に

花火を構成する４つの要素、「光（色）」「音」「煙」「形状」のうち光（色）は、金属化合物を配合して炎色反応を起こすことで、様々な色を生み出しています。理科の授業で炎色反応について習った人もいると思いますが、赤は炭酸ストロンチウム、緑は硝酸バリウム、黄色は蓚酸《しゅうさん》ナトリウム…と、化合物によって出現する色が異なります。ここに火薬がよく燃えるように可燃剤、酸化剤を加えます。近年は、ピンクやレモンイエロー、水色といった化合物同士をかけあわせて作る「中間色」の花火も登場し、じつに10色以上もの色が出せるようになっているそうです。

ピンク、レモンイエロー、水色などが使われた花火

音と煙を楽しむ昼花火

イベントの開催合図などで聞こえるドーンという大きな音（号砲）。あれも花火の一種で「昼花火」

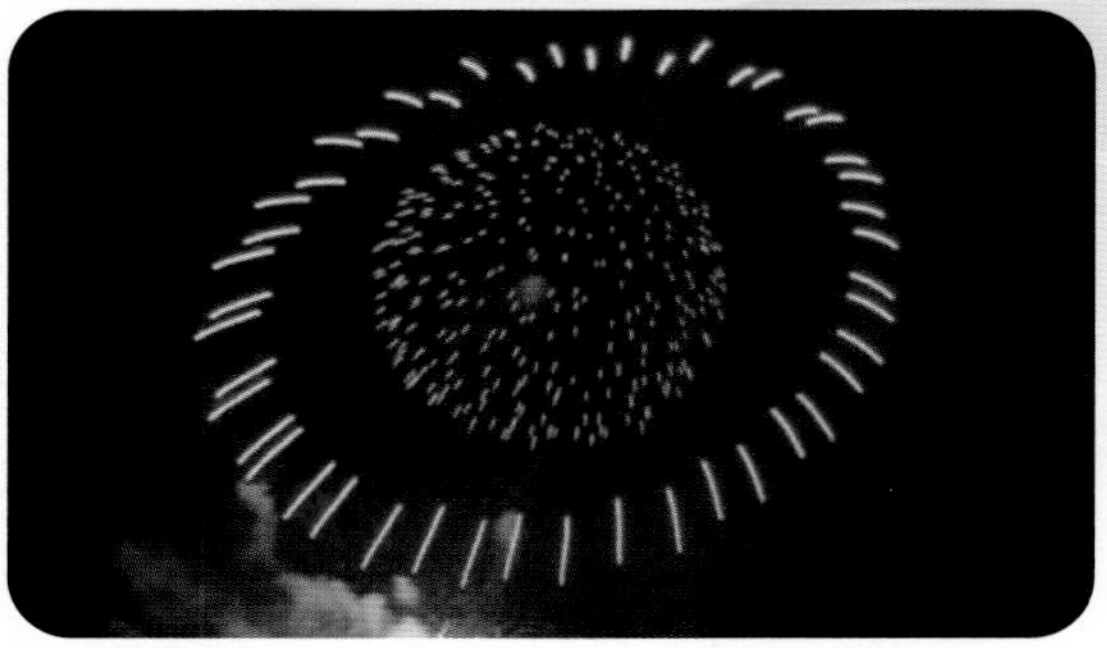
土星型の花火

といいます。そのほか色がついた煙を打ち上げるなど、昼花火は煙や音の様子を楽しむものとなっていて、薬品も夜とは違ったものを使用します。時代の移り変わりとともに目にする機会は減りましたが、秋田県で行われる全国花火競技大会（大《おお》曲《まがり》の花火）では現在でも「昼花火の部」があり、空の色や雲の量、日差し、風向きなど、夜の花火とは異なる観点で楽しむことができます。

また、音といえば、打ち上げるときに聞こえる「ヒュー」という音に聞き覚えはありませんか？　あれは花火玉にアクセサリーのようにつけられた「昇笛付」という仕掛けによるものです。そして花火の形状も技術の進歩とともに多様化しており、ハートやキャラクターといった見る人が思わず笑顔になるような形が誕生しています。

打ち上げるのも一苦労

日本の花火断面図

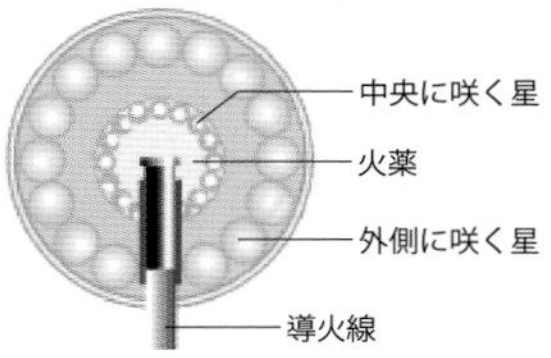

最もメジャーな大きな丸を描く花火は「芯入り花火」といい、花の中心を「芯」と呼びます。その芯が二重であれば「八重《やえ》芯」、三重は「三重《みえ》芯」、四重は「四重《よえ》芯」の花火となり、現在の最高は「五重《ごえ》芯」です。オーソドックスな形ではあるものの、芯が多ければ多いほど（多重芯）、製作は難しくなるのだといいます。

また、打ち上げ花火は花火玉の寸法に応じて、導火線の長さと火薬の量が決まっています。どの高度で花を咲かせるかも花火玉の寸法によって違うため、演出面、安全面からベストなタイミングを計るのも、花火師の重要な仕事の１つです。最も大きな40号玉（４尺玉）は、開いた直径が750mにもおよび、その分、高さも750m必要です。

４尺玉はスカイツリーもすっぽり入るほどの大きさです

ダイナミックなスターマイン方式の花火

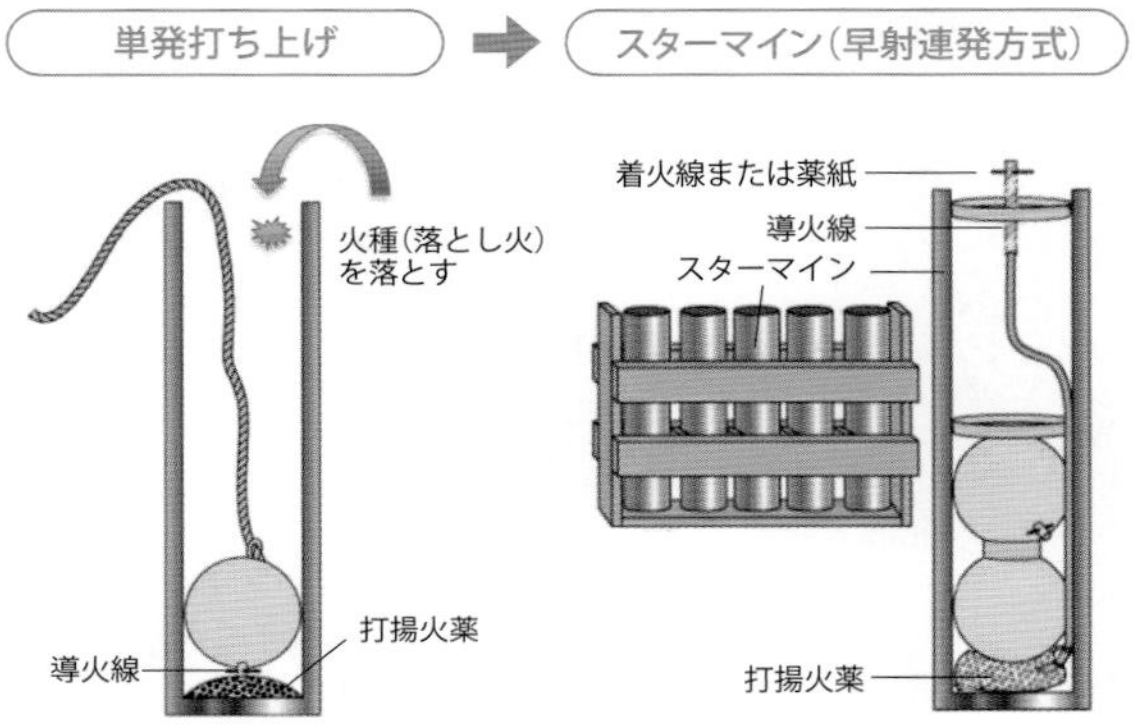

打ち上げ技術の進歩

夏の風物詩として江戸時代から行われてきた日本の花火。昔は花火師が１発１発、花火玉と花火玉を打ち上げるための「打揚火薬」の入った筒に、手で火種を落とし入れていたために事故が多く、危険と隣りあわせの作業でした（図・左）。

現在の花火の多くは電気を通電させ導火線に着火する方法で行われます。この方法を世界で初めて行ったのはアメリカです。最初は手動でボタンを押して通電→着火していたものが、やがてコンピューター制御で電気を通電させられるようになり、打ち上げがすべて自動化されました。これによって異なる大きさの花火を矢継ぎ早に打ち出すスターマイン（図・右）など、従来の手作業では難しかった打ち上げ方式も多用し、より迫力のある演出も行えるようになりました。

日本でも30年ほど前からこの技術が使われ始め、いまは大会ごとに主催者の要望するプログラムを作成し、音楽に合わせて何万発もの花火が次々に花開く、安全でショー要素の強い花火大会になっています。

世界の花火事情

日本と異なり、西洋では季節に関係なくイベントの一部として花火を打ち上げます。例えばアメリカで毎年７月４日の独立記念日に各地で上がる花火は、その日だけで国内の１年間に消費される花火の半分もの量にのぼります。なかには、ただの演出ではなく儀式的な意味を込めることもあり、イタリア・フィレンツェではドゥオーモ大聖堂でイースターの日に花火のついた山車《だし》に火をつけ、その年の豊作を願う風習があります。

さて右の図は、日本と西洋の花火玉の違いについて説明したものです。日本や中国では図の左のような丸い花火玉に丸い星が入っているのに対して、西洋は図の右側のように形状も星も円筒状です。円筒状の星をプレスして火薬を固めることで、丸い花火とは違う色合いや、上空で何段にもなって咲く不思議な形を楽しむことができます。近年、西洋の花火は作り手が少なくなっていますが、職人気質な人が多いイタリアやスペインなどの国の花火師がそのすばらしい技術を守っています。

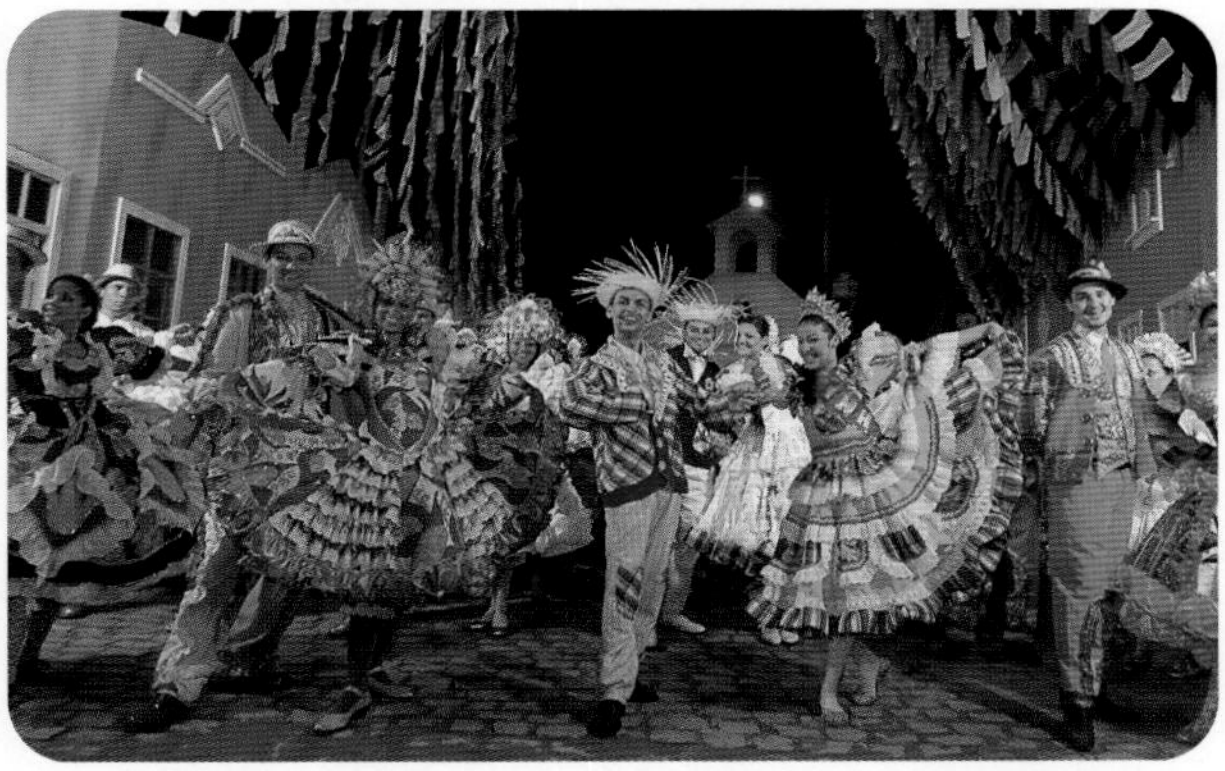

写真のようなお祭り・イベントの一環として打ち上げられる西洋の花火

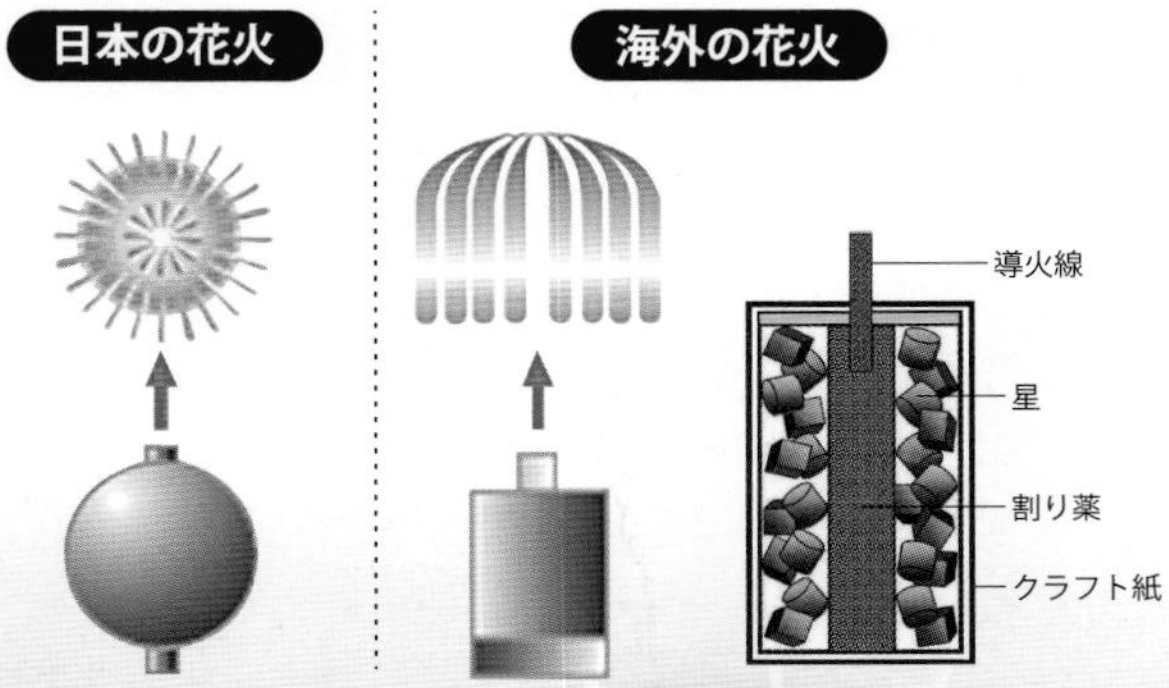

花火ができるまで

STEP1 配合

火薬を扱うため精密さが求められる花火の製造はすべて手作業で行われており、天気のいい日が続く３月～５月ごろが繁忙期とされています。

まずは決められた分量通りに薬品を計量し、丹念に混ぜあわせることで火薬の粉末を作る「配合」という作業です。この段階で、配合する薬品の種類や量を調整することで、花火が打ち上がった際の色が決まります。

STEP2 成形

次は「星」という小さな火薬の玉を作る「成形」という工程です。これは、花火の光のもとになる最も重要なパーツです。

火薬を練って小さく切断したものや、植物の種、セラミックの粒などを芯として釜に入れ、水で溶いた火薬をまぶしたら天日で乾かします。この作業を何度も繰り返すことで、火薬の玉を少しずつ大きくしていき、星を完成させるのです。

STEP3 組立

続いて、完成した星を玉皮《たまがわ》と呼ばれる紙の容器に詰めていく「組立」です。半球形の玉皮へ隙間なく均一に星を並べて、中心には紙で包んだ割火薬（星に点火し、花火玉を割る役割を持つ火薬）を入れます。

２つ分の組立をそれぞれ完成させたら、それを合わせて１つの球の形にしていきます。これが、１発の花火を打ち上げるための花火玉となります。

STEP4 仕上

最後は、花火玉の表面にクラフト紙を貼りつける「仕上」の工程です。小さな紙を何枚も糊で貼ることで表面を覆い、乾燥させます。これを何回も繰り返し、花火玉の強度をあげていくのです。

こうした工程を経て１つの花火玉が完成するまでは約１カ月かかるそうで、１年の予定を見通して、いくつもの花火玉が並行して製造されています。

花火師になるには

化学の知識は必須！

ここまで紹介してきたように、花火の製造や打ち上げには様々な知識と技術が必要になります。なかでも、火薬などの化学薬品を扱うためにその特性や危険性を学んでいる必要があり、化学的な知識は必須です。花火師のなかには高校や大学で専門的に学んでいる人も多いといいます。

しかし、知識のみならず経験や実践が大切とされる世界でもあり、先輩から様々なことを教わりながら、職人として鍛錬を積んでいくのも重要なのだとか。

花火師同士のつながりも

今回お話を伺った河野さんが在籍する日本煙火協会では、毎年150人以上が集まる研修会を行っています。そこでは大学教員などの専門家から色彩に関することや工学的な知識を学べるだけでなく、花火師同士のつながりを作ることができます。横のつながりを作ってコミュニケーションをとり、切磋琢磨しながら腕を磨いているのです。

こうして、門外不出とされている知識や技術をそれぞれが守り、受け継ぎながらも、情報交換をしながら花火の進化を支えています。

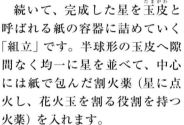

花火を表す名前の数々

あまり知られていませんが、花火にはそれぞれ玉名《ぎょくめい》と呼ばれる名前がつけられています。これは、「菊」や「牡丹」など、打ち上がる際の様子や見た目を表したものです。

打ち上げ花火は、花火玉が上空でどのように割れるかで「割物（星が四方八方に散る）」「ぽか物（くす玉のように２つに割れる）」「半割物（ほかの２つの中間）」の３種類に大別できます。そこからさらに、芯の有無や使われている星の種類、消え口（花火が消えていく際の様子）によって細分化されて玉名がつけられるのです。古くは江戸時代から使われているものもあり、花火の長い歴史が感じられます。

ここでは、玉名のなかでもとくに代表的なものをいくつかご紹介します。

ほかにも名前がある

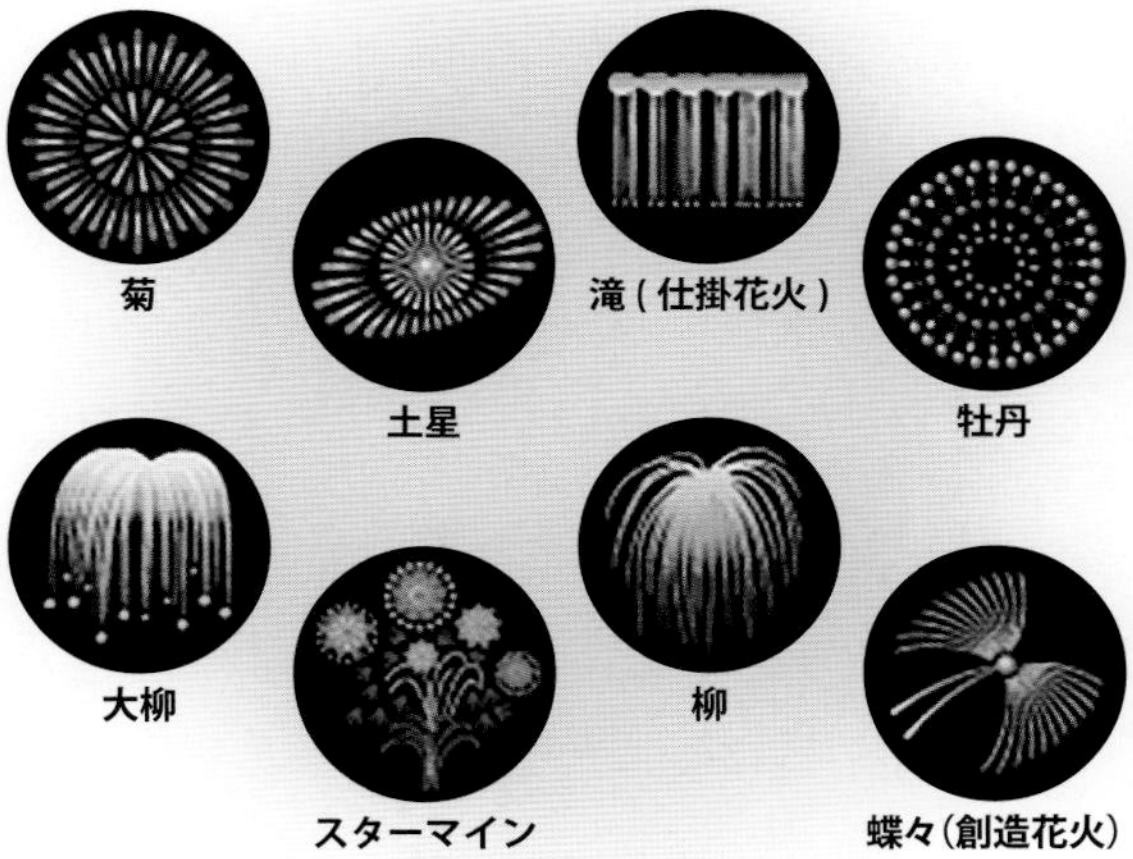

小割｜半割物のなかで最もメジャーな、小さな花がいっせいに開く花火

椰子｜通常よりも大きな星を使うことで、名前の通り椰子の木に似た形の花が開きます

おわりに

ここまで日本煙火協会の河野さんに教わった花火の歴史や知識をご紹介してきましたが、いかがでしたか。花火のことがもっと身近に感じられるようになったのではないでしょうか。最後に河野さんからみなさんにメッセージをいただきました。「開いた花が一瞬でパッと消える『消え口がいい花火』は、その一瞬の美しさが目に焼きつきます。いかに消え口のいい花火を作るか。これも花火師の技の１つです。今年は多くの花火大会が中止を余儀なくされましたが、いつかまた開催できたときには、そうしたところにも注目してみてください」

花火を安全に楽しむポイント

おもちゃ花火を楽しむ際は、
以下のようなポイントに気をつけましょう。

- 花火に書いてある遊び方、警告・注意書きをよく読んで必ず守る。
- 花火を人や家に向けたり、燃えやすいもののある場所で遊ばない。衣服にも火がつかないように。
- 風の強いときは遊ばない。
- 事前に水を用意する。
- とても危険なので絶対分解しない。　など

（日本煙火協会提唱、花火の正しい扱い方11のポイントより抜粋）

【資料協力】日本煙火協会

Move on プロジェクト NEXT STAGE

十文字《じゅうもんじ》高等学校

所在地	〒170-0004 東京都豊島区北大塚1-10-33	TEL	03-3918-0511	女子校
アクセス	JR山手線「巣鴨駅」・「大塚駅」、都営三田線「巣鴨駅」、都電荒川線「大塚駅前駅」徒歩5分			

1922年の創立以来、建学の精神のもと、社会で活躍できる女性を育んできた十文字高等学校（以下、十文字）。

2016年4月より始動した新たな教育改革「MOVE onプロジェクト」は5年目を迎え、さらに次のステージに進みます。

「Move on プロジェクト」NEXT STAGE

横尾康治 副校長先生

「本校は、『身をきたへ　心きたへて世の中の　たちてかひある　人と生きなむ』の建学の精神のもと、心身ともに鍛え、社会に貢献する女性を育成するためのキャリア教育に力を入れてきた学校です。10年程前にスーパー特選クラスを導入し、大学合格実績等でも一定の成果をあげています。しかし、今の教育内容だけでこれからのグローバル化社会に十分な対応ができるだろうかと考えたとき、その時代にあった教育の推進を痛感し、このプロジェクトを立ち上げました。コンセプトは、クリエイティブな発想力を伸ばすこと、そして価値観の違う相手とも共存しあえる人間関係を構築できる人の育成です。その力があれば、AI（人工知能）がどんなに進化しても、それを超える優れた創造性を発揮できるリーダーとなれるはずです。生徒たちには、『優しくあれ　強くあれ　そして人と人とをつなぐ人になれ』というメッセージを発信し、学園全体でこのプロジェクトを推し進めています」と語るのは副校長の横尾康治先生。

今年度大学入試では、国公立15名、難関私大（慶・早・上・理・ICU・MARCHG）に118名の合格者を出しており、「MOVE on プロジェクト NEXT STAGE」の成果が確実に表れています。

Move on プロジェクト❶ ～教育プログラムの刷新～

このプロジェクトで特に力を入れているのが「キャリアプログラム」の充実です。放課後に行われるこのキャリアプログラムは、様々な分野の専門家や卒業生の話を聞くだけでなく、理化学研究所や大学の研究室と提携して積極的に生徒を引率し、知的好奇心を刺激しながら可能性を広げる機会を設けています。

これまでフジテレビと共同で報道番組を制作したり、ダイソンのサイクロン掃除機の分解組立ワークショップを開催したりと、生徒自身の内発的動機付けやクリエイティブな発想力を伸ばすことを目的とした体験型のプログラムを数多く実践してきました。

また、難関国公立大学に進学を希望する生徒を対象とした英数国の放課後講座（90分）に加え、中国語講座なども開講されており、昨年度から新しくプログラミング講座も開講しています。

Move on プロジェクト❷ ～「DDPからCCPへ」～

十文字では、10年以上前からディスカッション（D）、ディベート（D）、プレゼンテーション（P）を積極的に取り入れたアクティブラーニングを行っており、ロジカルシンキング（論理的思考力）を身につけるために必要な発信力・情報収集力・表現力を教科の垣根を越えて、体系的に学習してきました。

このDDPプログラムをさらに深化させ、伝えあうためのコミュニケーション力（C）と多くの人の考えをつなぐコーディネート力（C）を身につけ、しなやかなパートナーシップ（P）を築くことができる女性を育成するためのCCPプログラムを実践しています。

その具体的な取り組みのひとつがICTの活用です。グローバル社会ではICTを利用した協働作業や情報発信能力が必須と考え、すべての教科で電子黒板を活用した授業を展開しています。特にサーフェスを導入したCCPプログラムを段階的に実施することで、社会に出てからも通用するICT活用能力を養っています。

Move on プロジェクト❸ ～理数教育の充実～

近年、理系学部への進学者が増加傾向にあり、毎年、全体の約3割の生徒が、医薬系をはじめ、理工・獣医・水産・農学部などに進学しています。これをうけて理数教育のさらなる充実を図るため、ICTを活用したCCPプログラムをはじめとした様々な取り組みを始めています。その中でもユニークな取り組みが、理科実験棟の共有スペースにつくられた「サイエンスパーク」です。

この施設には、生徒がつくった元素の周期表や遺伝子模型が展示され、実験器具や顕微鏡などは本物が置かれています。放課後や休み時間になると多くの生徒が集まり、楽しそうに顕微鏡をのぞいたり、実験器具を自由に操作したりと思い思いに知的好奇心を満たしています。

また、東京大学をはじめ様々な大学が提供しているアカデミックプログラムにも積極的に参加しており、東北大学主催の「飛翔型　科学者の卵養成講座」では、参加した生徒の研究成果が評価され優秀賞を受賞しました。

3年間授業料免除の特待生制度があります

十文字では、「Move on プロジェクト」で掲げる「グローバル社会で活躍できるリーダーの育成」を実現するため、2017年度入試から、入学試験の成績等が特に優れた者に対して、現状の特待制度に加え、入学金及び入学時施設費と授業料3年分全額免除の新たな特待生制度を導入しています。その他の優遇措置として、生徒会長、生徒会副会長、クラブ部長の経験がある者に対しても、内申点に一定の加点優遇を実施し、より受験しやすい体制を整えています。

ご紹介した内容以外にも、様々な教育改革を推し進めている十文字高等学校。今後の進展が楽しみな学校です。

2020年度 主要大学合格実績

【国公立】合計15名

東京外国語（国際社会）	埼玉（教育）……2名
お茶の水女子（理）	広島（経済）
東京医科歯科（医・看）…2名	東京都立（健康福祉）…2名
筑波（体育）	東京都立（経済経営）
千葉（園芸）	防衛医科（看護）
埼玉（理）	国立看護（看護）

【早慶上理・ICU】	【MARCH・G】
早稲田……5名	明　治……21名
慶應義塾……4名	青山学院……16名
上　智……4名	立　教……18名
東京理科……8名	中　央……12名
ＩＣＵ……2名	法　政……18名
	学習院……10名

学校見学会（要Web予約）
7月 4日㊏
8月22日㊏
各14:00～15:45

入試説明会（要Web予約）
10月 3日㊏
10月31日㊏
11月21日㊏
12月 5日㊏
各14:00～15:45

個別相談会（要Web予約）
12月26日㊏ 10:00～16:00

Special School Selection

★★★

伝統を土台とした新たな教育で「正統」と「異端」を兼ね備えた社会のリーダーとなる人材を育成

神奈川県　横浜市　●男子校

慶《けい》應《おう》義《ぎ》塾《じゅく》高等学校

所在地：神奈川県横浜市港北区日吉4-1-2
アクセス：東急東横線・東急目黒線・横浜市営地下鉄グリーンライン「日吉駅」徒歩5分
生徒数：男子のみ2209名
TEL：045-566-1381
URL：https://www.hs.keio.ac.jp/

- 2学期制
- 週5日制
- 月・火・水・金6時限、木7時限
- 50分授業
- 1学年18クラス
- 1クラス約40名

慶應義塾高等学校は、２０１８年に開設70年を迎えました。「全社会の先導者」を育成するという創立以来の伝統を守りつつ、「協育」や「正統と異端」などの新たなテーマを定め、その教育を進化させています。

伝統を守りつつ新たな目標を設定

慶應義塾高等学校（以下、慶應義塾高）の歴史は、１９４８年に開設された慶應義塾第一高等学校、第二高等学校にさかのぼります。１９４９年に２校が統合され、現在の校名となりました。

慶應義塾大学の一貫教育校として、「福澤精神に則り、独立自尊の気風にとみ、自主性と気品を重んじ、将来『全社会の先導者』となる人材の育成」を教育目的に掲げる男子校です。

開設70年を機に、「正統と異端（イノベーション）を兼ね備えた人間」の育成も教育目標として定められました。

古田《ふるた》 幹《みきお》 校長先生

この言葉に込められた思いについて古田幹校長先生は、「『正統』とは、高校生として、そして人として当然身につけているべき知識や精神、人間性を、『異端』とは、ほかの人とは異なる自分だけの傑出した能力、技量、気概を意味しています。これからの時代はこの２つを兼ね備えていることが、『全社会の先導者』となるために必要なのではないかと考えています」と話されます。

知と人がテーマの「日吉協育棟」

慶應義塾高の校舎は、慶應義塾大学の日吉キャンパスにあります。イチョウ並木が印象的な緑あふれる環境のなかに様々な魅力ある施設が点在しています。

２０１８年には新たに「日吉協育棟」も完成しました。「協育」は聞き慣れない言葉ですが、これは慶應義塾高が開設70年事業のキーワードとして設定したものです。教員、保護者、卒業生といった同校にかかわる様々な人々が協力しあって、生徒を育てていくという意味が込められています。

その精神を具現化したものともいえる「日吉協育棟」は、図書室をメインに、生徒が様々な知と人に出会えることをテーマにした建物です。生徒同士が気軽に交流できるよう、コミュニケーションラウンジやビブリオラウンジといったラウンジが各階にあり、３階には、創作活動に最適なクリエイティブラボやメディアスタジオも設けられています。そして最上階である４階には日吉協育ホールがあります。

「最上階にあるホールは講演会などでも使用しますが、同時に生徒が発信する場でもあります。図書室などで出会った知を活用して創作活動を行い、最終的に完成したものをほかの人に発信してほしいと考えて作られた場です」（古田校長先生）

幅広い知性と教養を身につける学び

慶應義塾高は、１クラス40名、１学年18クラスの大規模校です。

慶應義塾普通部、慶應義塾中等部からの内進生、高校からの高入生がおり、さらに高入生には一般入試、推薦入試、帰国生入試によって入学した生徒がいます。このように、多様な個性が集まるなかで、互いに刺激を与えながら成長できる環境が慶應義塾高にはあり

施設

2018年に日吉協育棟が完成し、ますます施設が充実しました。

鉄道研究会

図書室

日吉協育ホール

航空部

食堂棟

トレーニングルーム

馬術部

特別教室棟Ｂ棟

ます。

日々の学びは、大学受験のためのものではなく、幅広い知性と教養を身につけることを目的とされたものです。

「これからの人生を生きていくうえで役立つ知性や教養を養えるような指導を意識しています。『正統』と『異端』における『正統』を身につけるものといえるでしょう」(古田校長先生)

カリキュラムは、高1、高2は共通履修、高3では必修科目に加えて、進路や興味関心に沿って履修できる選択科目が用意されています。全員が第二外国語や物理・化学・生物・地学のすべてを履修すること、そして「卒業研究」に取り組むことなどが特徴です。

「卒業研究」は、高3で設定されているもので、まず教員が開く講座のなかから1つ選びます。例年、約50名の教員が自らの専門性を活かして開講するので、その内容は多彩です。

生徒は教員からの指導を受けつつ、1年をかけて独自の研究を完成させます。最終的な形式は論文、音楽、映像など自由です。

「卒業研究」を通じて、生徒は問

キャンパスは、「日吉駅」から徒歩5分と駅に近く、また緑あふれる自然豊かな環境です。

部活動

多くの部が活動しており、馬術部や航空部、ヨット部といった珍しい部もあります。

山岳部

ヨット部

題発見能力や問題解決能力、思考力、表現力といった力を身につけていきます。

1人ひとりが独自のものを完成させるため、「卒業研究」は、「異端」を伸ばす取り組みのように感じられますが、それだけではないと古田校長先生は話されます。

「研究を深めることはもちろん大切ですが、生徒には、自分が出した結論に責任を持つということを意識してほしいです。自分の行動や考えに責任を持つという姿勢は、社会でも必要になる『正統』なものです。ですから『卒業研究』は、『異端』だけでなく、『正統』を育てる取り組みでもあると我々教員は考えています」

新たな仲間や文化に出会えるプログラム

通常の授業以外にも、慶應義塾高には、特色あるプログラムが用意されています。その一部をご紹介しましょう。

まずあげられるのは、「選択旅行」です。

高1の春休み、高2の夏休み・春休み、高3の夏休みの計4回実施され、そのうち必ず1回以上参加します。各回、10程度のコースが用意され、自分の興味関心に応じて自由に参加できるため、楽しみながら学ぶことができます。そして、自分と同じ興味関心を持った新たな仲間に出会えるのも「選択旅行」の魅力の1つといえるでしょう。

そして、国際交流に力を入れているのも特徴です。

留学プログラムとしては、アメリカのザ・ボールズ・スクール（3週間）やセント・ジョン・ボスコ・ハイスクール（10日間）、イギリスのキングス・カレッジ（2週間）などで学ぶものがあります。ホームステイをしながら、現地の学生といっしょに授業を受けます。新たに「中期派遣留学プログラム（ターム留学、半年間）」も計画されており、今後プログラムがますます充実する予定です。

一方で、「Keio Senior High School Summer Program」として、海外からの留学生も受け入れ、校内でも異文化に触れることができます。

こうした独自のプログラム以外に「慶應義塾一貫教育校派遣留学制度」もあります。慶應義塾の全一貫教育校から10名程度が参加するもので、慶應義塾が渡航費、滞在費、学費を全額負担します。

ほかにも、学年ごとにテーマを決めて行われる「学年講演会」といった慶應義塾高ならではのプログラムがあります。

２０１９年度のテーマは高1が「社会との共生」、高2が「平和との対話」、高3が「環境との調和」でした。これらは、将来、社会の

選択旅行

選択旅行は、３年間で４回実施されます。
参加する時期やコースは各自で自由に決められます。

リーダーになるために考えるべき課題として設定されているものです。

原則全員が慶應義塾大学へ

ここまで見てきたように、「正統」と「異端」を育て、「全社会の先導者」となる人材を育てる慶應義塾高。生徒は、原則全員が慶應義塾大学へ進学します。

進路選択のためには、各学部・キャンパスの見学会や説明会に加え、前述した日吉協育棟のホールを活用した卒業生や大学の教職員による講演会や講座などのプログラムが用意されています。

また、高3の選択科目の社会科などには、大学や大学院の教員が行う授業もあり、慶應義塾大学進学後に単位として認定されるものもあります。

最終的な学部は、本人の希望を第一に、高校3年間の成績などで総合的に判断され、決定されます。

開設以来の伝統を土台に、時代に合わせて新たな教育を展開する慶應義塾高。多くの仲間とともに、勉強や部活動、行事などにも取り組みながら、社会で役立つ知識や教養を身につけられる学校です。

最後に古田校長先生は「自分がどのような高校生活を過ごしたいのかという青写真を描いたうえで、受験する学校を決めてください。受け身でいるのではなく、将来、社会のリーダーになれるよう、自分で考えて行動する、そんな生徒さんを待っています」と話されました。

行事

日吉祭（文化祭）をはじめ年間を通じて様々な行事が実施されています。
球技大会や陸上運動会はクラス対抗です。

1、2 球技大会　3 日吉祭（文化祭）
4、5 陸上運動会

写真提供：慶應義塾高等学校

■2020年3月卒業生　慶應義塾大学推薦状況

学部名	進学者数	学部名	進学者数
文学部	21	理工学部	109
経済学部タイプA	153	総合政策学部	32
経済学部タイプB	77	環境情報学部	42
経済学部PEARL	0	看護医療学部	0
法学部法律学科	112	薬学部薬学科	2
法学部政治学科	112	薬学部薬科学科	0
商学部	115	その他の進路選択者	11
医学部	22		

公立高校WATCHING

東京都立 共学校

国《くに》立《たち》高等学校

創立80周年を迎え さらなる発展をめざす

２０２０年に創立80周年を迎えた東京都立国立高等学校。リベラルアーツ型カリキュラムのもと、３つの「C」を柱とした授業を展開するとともに、英語教育にも注力し、変化の激しい現代に対応できる力を養っています。

変わらないために変わり続ける

１９４０年創立の東京府立第十九中学校を始まりとする東京都立国立高等学校（以下、国立高）。校訓には、「清く 正しく 朗らかに」を掲げています。自由闊達《かったつ》な校風を大切に受け継ぎながら、文教地区に位置する落ち着いた環境で80年の歴史を紡いできました。

佐藤文泰校長先生が着任されてからは、1年間の目標や重視すべきことを「今年のキャッチフレーズ」として教職員に示しており、それを昨年度からは生徒にも示すようになりました。今年度のキャッチフレーズは「変わらないために変わり続ける」です。

「国立高が国立高であるために、〝これまで〟にとらわれすぎないようにしていきたいと思っています。

佐藤《さとう》 文泰《ふみやす》 校長先生

所在地：東京都国立市東4-25-1
アクセス：JR南武線「谷保駅」徒歩10分、JR中央線「国立駅」徒歩15分
ＴＥＬ：042-575-0126
生徒数：男子505名、女子453名
ＵＲＬ：http://www.kunitachi-h.metro.tokyo.jp/

- ２学期制
- 週５日制（年20回、午前中４時間の土曜授業あり）
- ６時限
- 50分授業
- １学年８クラス
- １クラス約40名

これからの時代を担う有為な社会の形成者を育てることが本校の使命であることは変わりません。

しかし、変化の激しい現代に対応するためには『変わらないために変わり続けて』いくことが必要だと考えています。そのことを自覚し、積極果敢に色々なことに取り組む生徒を育てていきたいです」（佐藤校長先生）

3つの「C」を柱に幅広い分野を学習

自ら問いを立て、その解決方法を探る「課題発見・課題解決力」や、これからの時代に必要な「創造性」を培うことを重要視する国立高。授業や学校行事、学校生活の様々な場面で、クリティカルシンキング（Critical thinking、批判的思考）、クリエイティブシンキング（Creative thinking、自由な発想）、コラボレーション（Collaboration、共同作業）の3つの「C」を大切にして教育活動を展開しています。

カリキュラムは、すべての教科をまんべんなく学ぶリベラルアーツ（教養主義）型で、文理でのコース分けも行いません。高１・高２は共通履修、高3はホームルームクラスをベースに、各自が選択した科目の授業を受けるために教室を移動するスタイルです。

また、「授業を大切に」という方針のもと行われる各科目の授業は、質の高いものばかり。２０１６年度からは、アクティブラーニング推進校（２０１８年度まで）、英語教育推進校にも指定されています。

佐藤校長先生は、「アクティブラーニング推進校に指定されたといっても、すべての教科・授業でアクティブラーニングを導入することにこだわってはいません。重要なのは、生徒が主体的に学び、考える姿勢を養うことです。

そのために、学びあいや話しあいなどの要素を授業中の色々な場面に取り入れ、最終的にそうした力を身につけられるような、深い学びにつながる授業を展開するようにしています」と話されます。

また、英語教育に関しては、従来から教科書に加えて独自テキスト『The Kuniko Heritage』を活用するとともに、東京外国語大学の留学生とも交流を行うなど、国立高ならではの工夫を凝らしてきました。『The Kuniko Heritage』は、大学受験のための教材というより、教養を広げるための教材という位置づけで活用されています。

英語教育推進校に指定されてからは、そこに、オンライン英会話や1クラスを2分割しての英作文の授業を導入。高1から、GTECを受けられる体制も整えました。こうした新たな取り組みの成果が、近年の国公立大学や難関私立大学への合格実績の伸びに結び

各クラスで上演する演目が色とりどりに並ぶ国高祭（文化祭）の立て看板

国高祭（文化祭）

勉強と両立しながら約1年の準備を経て臨む国高祭（文化祭）の演劇は、日本一との呼び声も高く、毎年1万人以上が来場します。

垂れ幕

外装

演劇

ついているのだといいます。

苦境のなかでも前を向く国高生

「これまで積み重ねてきた歴史と伝統を受け継ぎつつ、どのような状況でも英知を結集させ、いままできる最善を尽くす。それこそが国立高であり、国高生だという意識を持って困難を乗りきろう、と始業式で話しました」と語る佐藤校長先生。新型コロナウイルスの影響により、都立高校も5月31日まで休校を余儀なくされました。

そんななか国立高では学習面でのサポートに加え、休校前日の始業式（4月5日）で「普段勉強や部活動などで忙しい生徒にも本に触れてもらういい機会になる」との考えから、図書館の貸出冊数無制限を告知。通常は1カ月で300冊ほどという貸し出し数が、たった1日で600冊にもおよんだといい、生徒にとって読書のいい機会になったことがうかがえます。

また、4月21日に第九演奏会と合わせて挙行する予定だった創立80周年記念式典、そのほか新入生歓迎会や日本一と謳《うた》われる国高祭（文化祭）も感染拡大防止のため、中止せざるをえなかったそうです。

このことについて佐藤校長先生は、「特色ある学校行事を志望動機として入学してくる生徒が多いので、我々教員も生徒も悲しい気持ちでいっぱいでした」と残念そうに語ります。

「でもそこで諦めることなく、これまでの文化祭に代わってなにができるのか、それはどうすればできるのか、生徒が能動的に考えている最中です。実際どうなるかは現時点ではまったくわからない部分もありますが、見通しの立たない状況で様々な可能性を考え、創造へと歩みを進めることは、今後生徒が予測困難な社会に出たときにきっと役に立つ、『真に生きる力』『これからの時代に求められる力』に結びついてくれるものと思っています」と話されます。

読者に贈る言葉は「疾風に勁草を知る」

国立高は3年間

授業

国立高の授業では、生徒が主体的に学ぶ場を多く設けています。

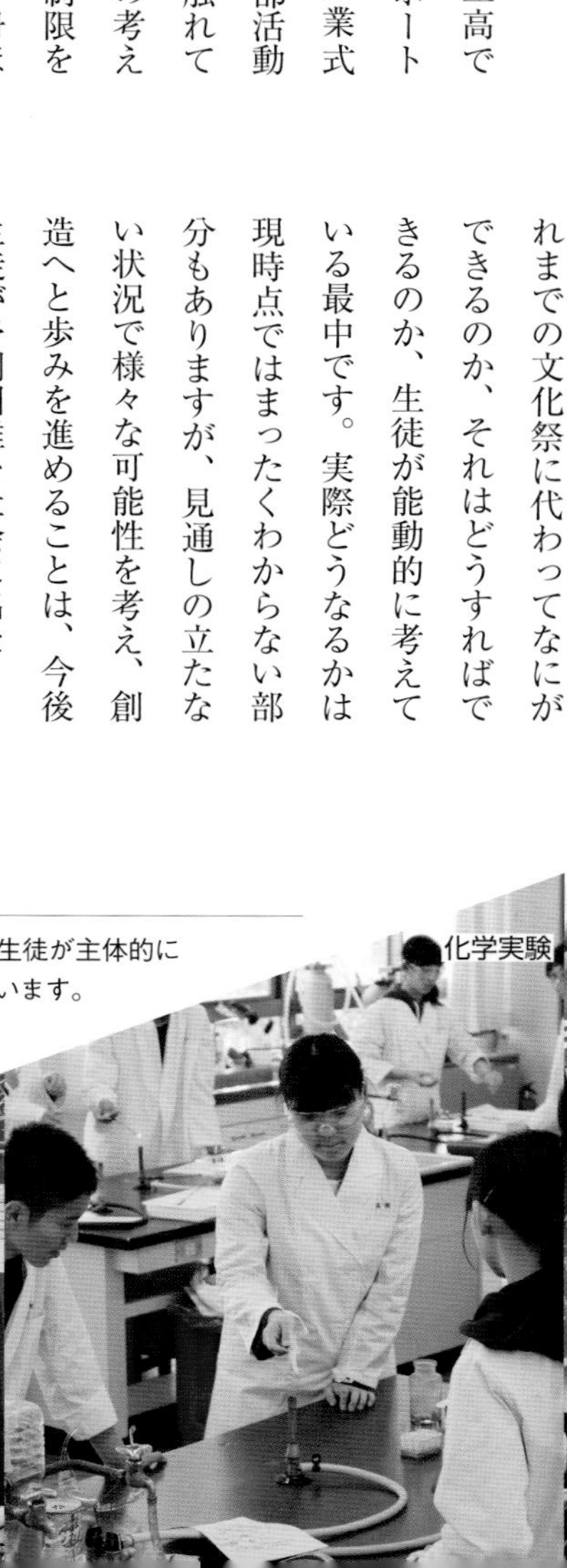
化学実験

国語

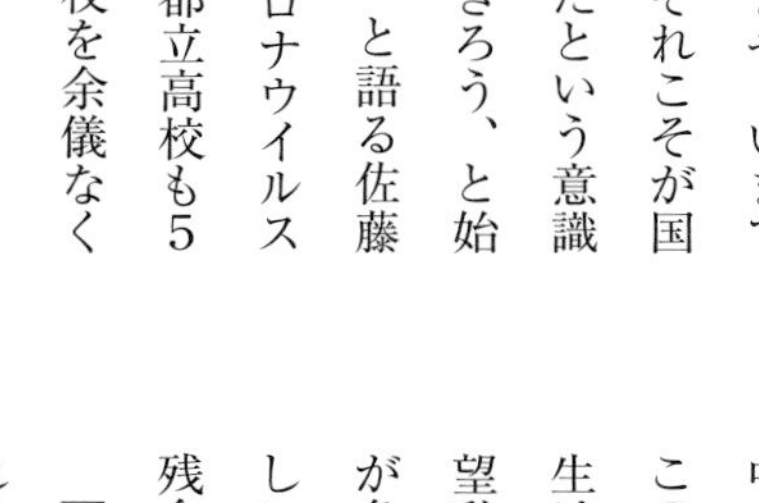
数学

外国語

クラス替えがありません。その分、クラスメイトの間には強いきずなが育まれ、大学受験も互いに励ましあいながら乗り越え、卒業してからも「仲間」としていい関係を築いていきます。そして、担任も3年間変わらないため、生徒1人ひとりを丁寧に見守りながら、受験指導も的確に行うことが可能です。

「本校の生徒には、目標を高く持ち、それをレベルダウンさせないで積極的に挑戦することを期待しています。進学指導重点校としての進学実績も、生徒が諦めることなく最後まで粘り抜いた結果なのだと強く感じています」と佐藤校長先生。

進路プログラムとしては、「進路ガイダンス」「卒業生・外部講師による進路後援会」「キャリアガイダンス」「医学部ガイダンス」といった様々なものが催され、『学習の手引き』『進路の手引き』などの各種資料も充実。近年、「東大見学会」「京大ツアー」といった2大難関大学を見学する国立高独自の進路行事もスタートしています。これらは卒業生による大学案内、模擬授業など、盛りだくさんの内容です。

卒業生といえば、定期考査1週間前に大学生・大学院生（卒業生）が学習相談に応じる「サポートティーチャー」制度もあります。日々の学習や将来のことなど、色々な相談にのってくれる頼もしい先輩たちがいるということも、国立高の魅力の1つといえます。

第九演奏会・体育祭

プロの演奏家と共演する「第九演奏会」、競技や応援合戦で盛り上がる「体育祭」も国立高では欠かせない行事です。

ここまで紹介してきたように、多様な魅力を備えた国立高。最後に、佐藤校長先生からみなさんにメッセージをいただきました。

「いま、私たちは、大変困難な状況におちいっています。そのなかで、自分の将来を考え、志を立て、夢の実現へのステップとして高校受験に臨む中学生のみなさんには、今年度の始業式で本校の生徒たちに伝えた『疾風に勁草《けいそう》を知る』という言葉を贈ります。

これは、激しい風が吹いて初めて丈夫な草が見分けられる。つまり、逆境や困難な状況にあるとき、その人の意志の強さがわかる、という意味のことわざです。高い志を持って、諦めることなく目標に向かってチャレンジしてください。また、そうした志を持って本校を志望してもらえると嬉しいです」（佐藤校長先生）

■2020年3月卒業生　大学合格実績抜粋　（　）内は既卒

大学名	合格者数	大学名	合格者数
国公立大学		私立大学	
北海道大	16(7)	早稲田大	146(66)
東北大	12(8)	慶應義塾大	79(41)
筑波大	4(1)	上智大	27(4)
東京大	16(8)	東京理科大	90(53)
お茶の水女子大	5(0)	青山学院大	20(12)
東京外国語大	5(1)	中央大	124(83)
東京学芸大	12(2)	法政大	45(23)
東京工業大	19(5)	明治大	142(80)
東京農工大	19(3)	立教大	59(34)
一橋大	30(11)	国際基督教大	3(1)
京都大	16(8)	学習院大	10(3)
大阪大	6(3)	津田塾大	17(9)

画像提供：東京都立国立高等学校

受験生のための
明日へのトビラ

ここからのページでは、高校受験生が知っておけば「ちょっと得する」そんな情報をまとめました。保護者の方にとって見逃せないアドバイスもあります。目を通しておけば、「あそこに書いてあったな！」と思わぬスコアアップにつながるかもしれません。

NEWS

全国　高校入試は休校ふまえ出題範囲などに配慮を…文科省

文部科学省は2020年5月13日、新型コロナウイルス感染症のために中学校が休校していることをふまえて、2021年度の高校入試の実施につき配慮するよう各地の教育委員会などに通知し、出題範囲や内容などについて、志願者が安心して受験に臨めるようにすることを要請した。

また、適切な検討ができるよう、各地域の中学校の学習状況などについて、教育委員会や私立学校などの関係団体と中学校の間で、適宜情報共有や連携を図るよう求めている。

スポーツ・文化関係の行事、大会の実績や、資格・検定試験などの成績を入試で評価する際には、志願者がこれらに参加できなかったことのみをもって不利益を被ることがないよう要請した。

また、出席日数や学習評価の内容などの記載により不利益を被ることがないようにすること、諸活動の記録や指導上参考となる諸事項などを記載する欄を設けている場合には、記載が少ないことをもって志願者が不利益を被ることがないように求めた。

首都圏では、東京都が都立高校について出題範囲の縮小を、いち早く発表している（次ページ参照）。

東京都立（全日制）

推薦に基づく選抜

［出願期間］ 2021年1月21日（木）
※現在、郵送等による出願への変更について検討中
［入試日］ 1月26日（火）、27日（水）
［合格発表］ 2月2日（火）

学力検査に基づく選抜

◆一次募集（分割前期）

［出願期間］ 2021年2月5日（金）、および8日（月）
※現在、郵送等による出願への変更について検討中
［学力検査］ 2月21日（日）
［合格発表］ 3月2日（火）
［追検査］ 3月10日（水）※二次募集と同日

◆二次募集（分割後期）

［出願期間］ 2021年3月5日（金）
［学力検査］ 3月10日（水）
［合格発表］ 3月16日（火）

東京都立高校2021年度入試

出題範囲を中学３年履修７カ月分に縮小

都教委は文部科学省の通達（33ページ）を受けて、2021年度入試（上記に日程）の出題範囲における中３生の履修部分を７カ月分に縮小すると、以下のように発表しました。

◆学力検査に基づく選抜　中学１、２年生の学習内容に加え、各教科中学３年生の学習内容は、おおむね７か月程度の分量を出題範囲とする（下表参照）。

◆推薦に基づく選抜　文化・スポーツ等特別推薦では、「推薦の基準」に大会の実績や、資格・検定試験等の成績にかかわる内容を含めず、「実績等を証明する書類等の写し」の提出も求めない。選考は、実施要綱に従って実技検査等により行う。

教科	出題範囲から除外する内容
国語	中学3年生の教科書で学習する漢字
数学	中学3年生で学習する内容のうち、次にあげる内容 〇三平方の定理　〇標本調査
英語	関係代名詞のうち、 主格のthat、which、who および目的格の that、which の制限的用法 ※ 同様の働きをもつ接触節も出題しない
社会	公民的分野のうち、次にあげる内容 〇『私たちと経済』の「国民の生活と政府の役割」 〇『私たちと国際社会の諸課題』
理科	各分野のうち、次にあげる内容 〇第1分野 ・『運動とエネルギー』の「力学的エネルギー」 ・『科学技術と人間』 〇第2分野 ・『地球と宇宙』の「太陽系と恒星」 ・『自然と人間』

東京都［スケジュール変更］

中学校英語スピーキングテスト活用延期

本誌６月号既報の「東京都中学校英語スピーキングテスト」について、都教委は新型コロナウイルス感染症対策に伴う臨時休業の影響と、教育活動再開後の学校運営に対する配慮の必要性から、2020年度以降の計画を１年ずつ繰り下げることを決め、６月11日発表しました。

都立高入試への本格的な活用も、当初の予定から１年繰り下げ、現在の中学１年生（2023年２月に入試を迎える学年）からの活用開始となる予定です。

なお、これに伴い下表のように、

2020年に「確認プレテスト①」（一部抽出校の中学３年生を対象に500名規模）

2021年には「確認プレテスト②」（全中学３年生を対象に８万名規模）が予定されています。

この英語スピーキングテストは、すでに2019年秋から冬に「プレテスト」（8000名規模）を行い、タブレットとカナル型イヤホン、防音イヤーマフを使い、解答音声を吹き込む試験形式で実施され順調に本格実施へと進んでいたものです。

	2020年度	2021年度	2022年度
変更前	確認プレテスト 第３学年全生徒 約80,000名	本実施 第３学年全生徒 約80,000名	
都立高入試に	活用なし	活用開始（予定）	

変更後	確認プレテスト① 第３学年生徒 抽出校（500名程度）	確認プレテスト② 第３学年全生徒 約80,000名	本実施 第３学年全生徒 約80,000名
都立高入試に	活用なし	活用なし	活用開始（予定）

首都圏公立高校2021年度入試日程

神奈川県公立　（全日制）

［出願期間］2021年1月28日(木)～2月1日(月)
※土日は除く
［志願変更期間］2月4日(木)～8日(月)
※土日は除く
［学力検査］2月15日(月)
［面接・特色検査］2月15日(月)、16日(火)、17日(水)
［追検査］2月22日(月)
［合格発表］3月1日(月)

埼玉県公立　（全日制）

［出願期間］2021年2月15日（月）、16日（火）
［志願変更期間］2月18日（木）、19日（金）
［学力検査］2月26日（金）
［実技検査（芸術系学科等）、面接（一部の学校）］
3月1日（月）
［追検査］3月 3日（水）
［合格発表］3月 8日（月）

千葉県公立　（全日制）※47ページも参照

◆本検査
［出願期間］2021年2月9日（火）、10日（水）
および12日（金）
［志願変更期間］2月17日（水）、18日（木）
［学力検査］2月24日（水）、25日（木）
◆追検査
［追検査受付］2月26日（金）および3月1日（月）
［追検査］3月3日（水）
［合格発表］3月5日（金）

【千葉県公立・注】2020年度入試まで2回に分けて選抜されていた入試が2021年度から一本化される。入試の回数を減らし、入試期間を短縮することで、中学と高校の授業時間の確保や、受験生の負担を減らすことを目的とする。

◆おもな変更点
・選抜回数（2回→1回の「本検査」のみに）
ただし、インフルエンザ罹患などで本検査をまったく受験できなかった場合は、「追検査」を受験可能
・入試時期（2月中旬～3月上旬→2月下旬に一本化）
・検査スケジュール（5教科を1日で実施→2日間で実施に）
・内申点（千葉県独自の算式で補正は廃止する）
※内申点は中1から中3の学習成績によって決まる。各学年とも9教科の成績を5段階で評定し、その合計点（135点満点）が内申点となる。
※2020年度まで千葉県独自の算式により補正していたが、2021年度入試より補正は廃止に。

E 学び合いルーム　F 授業風景　G 自習室で独習　H 昼休み風景

突撃 スクールレポート

開《か》智《ち》高等学校

〈共学校〉

心豊かな創造型・発信型の国際的リーダーを育成する開智高等学校。探究型学習をベースに、主体的に学び、創造力・論理的思考力を高めていきます。

新コース設定で、難関大学の合格実績が大きく伸びる

生徒の実力に応じて毎年クラスを見直す

開智高等学校（以下、開智）では、高校入試の結果および入学前のクラス編成テストの結果によって、1年生は、次の3つのコースに選別されます。

【Tコース】…開智の智力開発メソッドの最先端をリードするコースで、東京大学や国立大学医学部を志す仲間とともに最高水準の学びを実感することができます。

【Sコース】…難関国公立大学、早慶上理ICUへの現役進学を志すコースで、仲間との学びを通して学力を伸ばしていきます。

【Dコース】…国公立大学、GMARCHへの現役進学をめざすコースで、自分の可能性を発見し、学びあいを通して成長していくバランスのとれた受験学力の早期完成をめざしていきます。

1年生は、進度は異なりますが、各コースとも同じ教科書で、同じ範囲まで学びます。2年生からは、1年次の定期テストや外部の模擬試験の結果をふまえて、理系コースまたは文系コースに分かれて、各生徒の学力レベルに応じたクラス編成となります。

そして3年生では、2年次に担任と何度も面談を重ね、本人の希望もふまえて、「理系国公立大進学コース」「文系国公立大進学コース」「理系私立大進学コース」「文

A

C

E

B

D

F

Photo　A 文化祭(時鐘祭)　B 体育祭　C Contemporary Issues(シンガポール)　D Contemporary Issues(広島)

写真提供：開智高等学校

系私立大進学コース」の4コースから選択が可能になります。

探究型学習 Contemporary Issues

開智では、1・2年次は、「教わる」「学び合う」「演習する」を組みあわせた授業を行うことで学力を伸ばしていきます。国語の現代文では、「論理エンジン」というテキストを使い、生徒が論理的に考える力を育みます。また、文化祭や体育祭では、日程以外の実施内容をすべて生徒が企画・運営するなど、学校行事や課外活動に自主的に取り組むことで、「自分で考える力」「仲間とともに考える力」といった主体性や協調性が自然と身につくようになっています。

「Contemporary Issues」という、フィールドワークを取り入れた「探究型学習」も開智の魅力の1つです。1年生では自分の身近な課題に注目し「探究テーマ」を決め、情報の収集と仮説の構築を行います。2年生では、その研究成果をポスターセッションで発表し、その後、各自が選択したフィールドワークへ主体的に参加し、活動することで、「体験から考える力」が自然と身についていきます。

２０２０年度は、「メルボルン」、「シンガポール」、「広島・関西」の3コースが用意されており、「現代検証に基づく未来志向型のテーマ研究活動」のフィールドワークを行う予定です。

充実した講習で難関大学をめざす

開智では、補習・大学受験講座・講習が授業とリンクした内容で、大変、充実しています。1・2年生は、週2日を学習日として放課後補習授業があり、3年生は、毎日3時間の大学受験講座が放課後行われています。さらに全学年で、夏・冬・春期講習も行っています。

自習室は3カ所。静寂な環境に個別ブースが約250席あります。学びスペースは大きなものだけで6カ所あり、座席数では約３００席。仲間との学びあいや質問、ミニ補習などに使われています。

２０２０年度大学入試では、東京大学をはじめとする難関国公立大学に１２４名、早慶上智ＩＣＵ２５０名、医学部医学科38名の現役合格者を出すなど、新コース設定以降、難関国公立大学・私立大学への合格実績が伸びています。

「高校選びで大切なことは、『自分のやりたいことができる』『楽しく通える』この2点だと思っています。大学進学実績なども大切ですが、『やりたいことができない』『毎日が辛い』では前向きにはなれません。必ず学校説明会に来て学校を見ること、先輩などから情報を得ることが大切です。開智の場合は説明会の一部や校内見学を生徒が行うので、そのなかで色々な質問ができます。先生方に聞けないことも、きっと聞けますね」(広報部長・寿川智博先生)

スクールインフォメーション

所在地：埼玉県さいたま市岩槻区徳力186
アクセス：東武野田線「東岩槻駅」徒歩15分
生徒数：男子431名　女子349名
TEL：048-794-4599
URL：https://www.kaichigakuen.ed.jp/koutoubu/

2020年度大学入試　おもな合格実績

東京大	10名	千葉大	17名
京都大	2名	埼玉大	11名
北海道大	2名	早稲田大	95名
東北大	12名	慶應義塾大	39名
東京工業大	8名	上智大	36名
筑波大	8名	東京理科大	119名

※中高一貫部の合格者を含めた人数です。

あの学校の魅力伝えます

スクペディア No. 20

法政《ほうせい》大学《だいがく》第《だい》二《に》高等学校

神奈川県　川崎市　共学校

所在地：神奈川県川崎市中原区木月大町6-1　生徒数：男子1165名、女子739名　TEL：044-711-4321　URL：http://www.hosei2.ed.jp/
アクセス：東急東横線・目黒線「武蔵小杉駅」徒歩10分、JR南武線「武蔵小杉駅」徒歩12分、JR横須賀線「武蔵小杉駅」徒歩15分

出会い、向きあい、「自分」をつくる

「自由と進歩」を建学の精神とする法政大学の付属校として、80年以上の伝統を誇る法政大学第二高等学校(以下、法政二)。大学の掲げる「自由と進歩」とは、「人類の普遍的価値である『自由』と、現代社会の多様な問題を解決しようとする『進歩』の精神」を表します。法政二では、この言葉のもと、よりよい社会を作るために積極的に活躍できる人物の育成をめざしています。

2016年より共学化(2018年に全学年で共学化完了)、そして2017年には新校舎竣工に伴うキャンパスの全面リニューアルが完了と、時代に合わせて教育内容の向上を図る学校の姿勢が大勢の受験生の注目を集めています。

様々な出会いを通して未知の自分を見つける

法政二では多くの出会いが生徒を待っています。

高3で文系・理系に分かれますが、それまでは特別なクラス編成は行いません。そのため、個性も考え方も異なる多様な他者との出会いがあります。

授業は週6日制。全教科を幅広く学び、しっかりとした基礎力と豊かな教養を育むカリキュラムです。レポート課題や班に分かれたグループ学習など、探究活動を多く設定している点も特徴で、日常の授業で調べる、討論する、発表する機会を随所に設けています。また、6万冊以上の蔵書を誇る図書館をはじめ、学習を支える施設・設備の充実度も魅力。新しい知との出会いにあふれた高校生活が送れます。

こうした様々な出会いを経験した生徒は、法政二で大きく成長することで、未知の自分にも出会えるのです。

学問・他者・自分と真剣に向きあう高校生活

法政二では、所定の基準を満たせば全員が法政大学へ推薦入学できる制度があります。これにより、大学受験を目的とせず、将来なにに取り組みたいのかという視点で、自らの進路と向きあうことができます。

幅広く学ぶ教育で学問と向きあい、探究学習やグループ学習、部活動・行事などの学校生活を通して他者と向きあい、自らを磨くことで自分の特性や将来と向きあう。法政二は、生徒が何事にも真剣に向きあっていくことで未来を見据えた新しい自分を創造できる学校です。

あの学校の魅力伝えます
スクペディア No. 21

多《た》摩《ま》大《だい》学《がく》目《め》黒《ぐろ》高等学校

東京都　目黒区　共学校

所在地：東京都目黒区下目黒4-10-24　生徒数：男子564名、女子287名　TEL：03-3714-2661　URL：URL:https://www.tmh.ac.jp/
アクセス：JR山手線・東急目黒線・地下鉄南北線・都営三田線「目黒駅」徒歩12分

夢の実現に向けた多彩な教育

多摩大学目黒高等学校（以下、多摩大目黒）では、生徒が勉強はもちろん部活動、課外学習など様々なことに取り組める環境を整えています。

日々挑戦していく 充実した高校生活

多摩大目黒は国公立・最難関私立大学現役合格をめざす「特進クラス」と、生徒が希望する志望大学への現役合格を目標とする「進学クラス」の2つに分け、生徒の進路と学力に合わせて指導していきます。

どちらも日々の授業はアクティブ・ラーニングを積極的に取り入れ、知識だけでなく対話力や情報収集能力も養います。高1の終わりまでは基礎学力を伸ばしていき、高2・高3で文理に分かれたあと「特進クラス」では最難関大学への、「進学クラス」ではG-MARCHレベルへの入試問題に対応できるよう授業内容を発展させていきます。さらに高3では豊富な選択科目を組みあわせ、各自の進路希望に沿ってより集中的な学習へと進みます。

また多摩大目黒独自の学習支援として「SSL（Super Students Learning Center）」があり、常駐の指導員が毎日のカリキュラムとその進行状況、毎週行われる到達度確認テストから最適な学習計画や定期テスト対策の作成、受験勉強へのアドバイスを行い、生徒が効率的に自主学習できるよう支援していきます。

手厚い学習指導と生徒が主体的に臨める授業内容によって、多摩大目黒では生徒が予備校に通わずとも志望校に現役合格できることをめざしています。実際に生徒の約8割以上が部活動に励みながら、隙間時間も利用して勉強に取り組んでいます。

多摩大目黒は国際教育にも力を入れており、英語の授業ではネイティブスピーカーの教員2名がグループワークを通して語学はもちろん、海外の文化や社会問題にも触れていきます。希望者はアメリカ、カナダ、ニュージーランドへ卒業年次を遅らせず最大1年間留学できます。

さらに多摩大学や官公庁、企業と連携した起業プログラムやVR技術も体験できるプログラミング学習、多文化共生のフィールドワークなどに参加することもでき、これらは生徒がより具体的に自らの将来像を考えるきっかけとなっています。

挑戦を楽しみ、学びを未来につなげていく生徒を応援する多摩大目黒です。

あの学校の魅力伝えます

スクペディア No. 22

東京成徳大学《とうきょうせいとくだいがく》高等学校

東京都　北区　共学校

所在地：東京都北区王子６-７-14　生徒数：男子500名　女子449名　TEL：03-3911-5196　URL：https://www.tokyoseitoku.jp/hs/
アクセス：地下鉄南北線「王子神谷駅」徒歩７分、JR京浜東北線・地下鉄南北線「王子駅」ほかバス

人間的成長を遂げる実りある３年間

東京成徳大学高等学校（以下、東京成徳大高）では、未来を生きる生徒たちが主体的に生き方を模索する環境を整え、「『成徳（行動が伴って初めて徳を成す）』の精神を持つグローバル人材」の育成を掲げています。また、スローガンの「BIG ROCK」にはそれぞれの人生のいしずえをこの高校時代に築いてほしいという思いが込められています。

自己探求をベースにした進学への考え方

特色ある教育として「自分を深める学習」があります。簡単に答えの出ない題材に1人ひとりが向きあい、他者を尊重しながら様々な素材をもとに徹底して考えるオリジナル学習を展開しています。自分の生き方や命のつながりについて考え、広がりと深みのある視野と思考力を育んでいく取り組みです。

そうした自己探求をベースに将来を見据えていくため、進路選択もキャリアプランニングの一環ととらえているのが特徴的です。特別進学コース・進学選抜コース・進学コースの3つのコースがあり、各生徒が潜在的に持っている興味や関心、希望を引き出し、視野を広げることができるよう、多種多様なプログラムを用意してサポートします。

例えば、ＩＣＴ機器を備え、海外大学のようなオープンな雰囲気のなかで、ネイティブスピーカーの教員が英語4技能の習得を支えます。長期休暇中の集中講習、入試直前講習、大学入試実践対策など、多様な目的に対応した放課後講習も充実。

さらに東京成徳大高では、授業のクオリティーを高めるべく、第三者による授業評価の仕組みを導入しています。あらゆる側面から教員が互いの授業内容を点検し、指導方法のスキルアップを図ることで生徒の学力向上につなげる試みです。

勉学への手厚い支援の一方、「文部（文武）両道」を奨励していることも大きな特徴です。部活動などの課外活動は、勉強を妨げるものではなく、むしろ「勉強の原動力」や「モチベーション」になるのだという考え方が軸にあり、ひたむきな努力を通じて、大きく人間的成長を遂げることを応援しています。

２０２５年には１００周年を迎える東京成徳大高。生徒たちが過ごす3年間がかけがえのない時間となるよう、多様な取り組みの導入が進む今後に注目です。

あの学校の魅力伝えます
スクペディア　No. 23

昭和《しょうわ》学院《がくいん》秀英《しゅうえい》高等学校

千葉県　千葉市　共学校

所在地：千葉県千葉市美浜区若葉1-2　生徒数：男子418名、女子400名　TEL：043-272-2481　URL：https://www.showa-shuei.ed.jp/
アクセス：JR京葉線「海浜幕張駅」徒歩10分、JR総武線「幕張駅」・京成千葉線「京成幕張駅」徒歩15分

学力の別なく幅広い学びを提供

幼稚園から短期大学までを擁する総合教育機関・昭和学院のもとに、１９８３年に設立された昭和学院秀英高等学校（以下、昭和学院秀英）。千葉市の文教地区にあり、４つの理科実験室や全面人工芝のグラウンド、蔵書５万冊を超える図書館等、充実した教育環境をそろえています。

カリキュラムにおいては、３年間で効率よく目標に導くシステムが整っており、高１はクラス別、高２は文系・理系のコース別、高３は進路に合わせて受験対策と、それぞれの希望進路に沿った学習指導が展開されています。

３つの柱に沿った教育で多様な進路希望に対応

昭和学院秀英では、生徒自らが成長を実感し、自身の可能性を広げていくために、大切にされている３つの柱があります。

１つ目は、質の高い授業です。Society5.0（※）時代を生きる生徒の可能性を広げ、社会を生き抜く力を育むため、ＩＣＴ教育環境をさらに充実させることにも取り組んでいます。教員は職員研修会や毎週の教科研究会で研鑽を積み、こうした高いレベルの学習を支えています。

２つ目はきめ細やかな進路指導です。大学やその先にある学びを意識し、それぞれの将来をイメージさせる取り組みが行われています。大学の先生による「模擬授業」や、卒業生から直接アドバイスがもらえる「進路座談会」はその代表例です。そこで見つかった希望進路に向けては、個々の能力と希望に合わせて補習や講習を行うなど、サポート体制も整っています。

最後にあげるのが、豊かな心の育成です。日本の伝統芸能を含む様々な芸術に触れる「芸術鑑賞教室」をはじめ、独自の学校行事で明るく豊かな心を育みます。著名な文化人を招く「文化講演会」など、進路や生き方について考えさせる行事があるのも特徴です。

千葉県屈指の進学校でありながら、特進コースや習熟度別クラスなどは設置せず、これら３つの柱に沿った取り組みに全員が参加しているのも大きな魅力といえるでしょう。

充実した学校生活を通して、心身の健やかな成長を促す昭和学院秀英。自分の将来について考えるきっかけや、目標に向かって多くのことを学べる環境、それを支える仕組みが整っている学校です。

※狩猟社会、農耕社会、工業社会、情報社会に続く新たな社会を指すもの

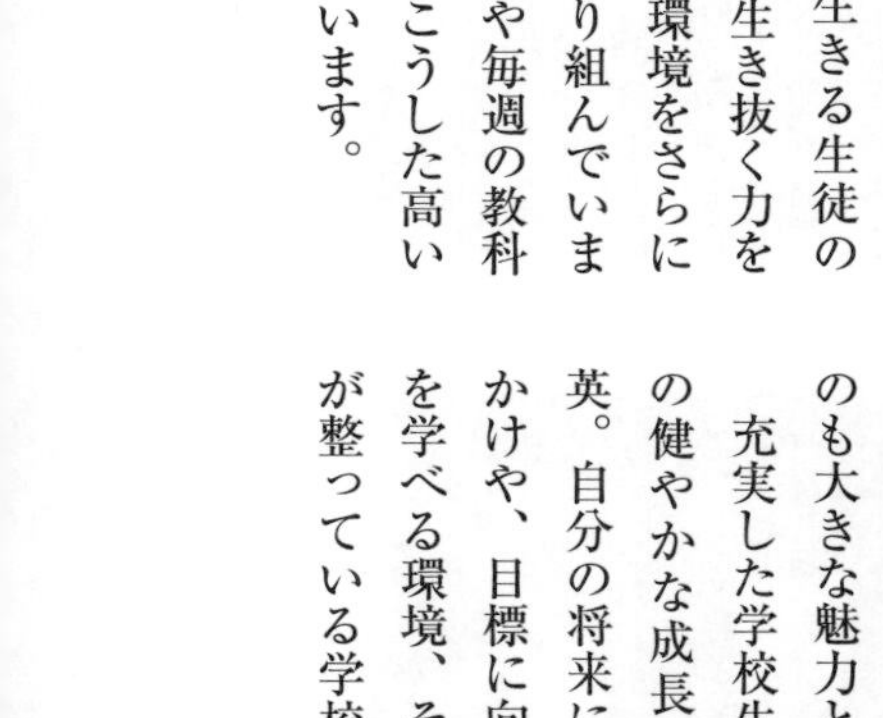

魅力に迫る

受験者数が大幅に増加

東洋大学京北《とうようだいがくけいほく》高等学校

■ 東京都　文京区　共学校 ■

2015年度から改革を進めてきた東洋大学京北高等学校は、2020年度入試で多くの受験生を集めました。そんな同校の魅力を２回にわたってお伝えします。

2020年度入試　受験者数

	推薦入試	
募集定員	50名	
種別	単願推薦	
受験者数	**165名**	
	一般入試	
	第１回	第２回
募集定員	80名	20名
種別	一般（併願優遇含む）	一般（併願優遇含む）
受験者数	**427名**	**190名**

一般入試では、第１回、第２回合計で、募集定員に対して６倍を超える受験生が集まりました

校名変更、校舎移転、男女共学化などの改革から5年が経った東洋大学京北高等学校（以下、東洋大京北）。改革後の理念が学内に浸透するとともに、学外からも大きな注目を集めています。その結果、２０２０年度入試では定員を大幅に上回る受験者数となりました（左上、別表）。

推薦入試は3倍、一般入試は、第1回が5倍、第2回が9倍を超える受験生が集まっており、その数の多さは、同校への期待の大きさを感じさせます。

では、東洋大京北の魅力とはどのようなところにあるのでしょう。

注目が集まる独自の哲学教育（生き方教育）

東洋大の附属校でありながらも、全科目履修型カリキュラムを編成し、他大学進学も積極的にサポートする東洋大京北。改革後３期生である２０２０年度卒業生は、国公立大学に10名（千葉大学１名、埼玉大学２名、茨城大学１名、静岡大学1名など）、G-MARCHに29名合格するなど、大きな成果をあげています。

しかし、こうした大学合格実績もさることながら、受験生が注目しているのは、「諸学の基礎は哲学にあり」という建学の精神に基づく「より良く生きる」ための哲学教育（生き方教育）です。

石坂《いしざか》 康倫《やすとも》 校長先生

「受験生の哲学教育（生き方教育）への関心は高く、学校説明会などでも、私の話を熱心に聞いてくれています。哲学は難しい学問だと思われがちですが、真理を探究する学問であり、そのために必要な思想の錬磨、すなわち考えることをトレーニングする学問です。本校では哲学教育（生き方教育）を通じて、論理的に考える力や物事を判断して行動に移せる力を育んでいきたいと考えています」と石坂康倫校長先生。

哲学教育（生き方教育）の浸透により、生徒の様子も変わり、「勉強や行事などにおいても自ら考え主体的に行動できるようになりました。『学校に来るのが楽しくて仕方ない』という声も聞きます」と石坂校長先生が話されるように、校内には活気があふれ、東洋大京北生は充実した学校生活を送っています。

そうした生徒の姿は学校説明会などでも見ることができるので、そのことも受験生の目には魅力的に映るのでしょう。

このように、独自の教育に大きな期待が寄せられている東洋大京北。『サクセス15　２０２０年10月号』では、哲学教育（生き方教育）を中心に、その魅力をさらに詳しくご紹介します。

学校説明会

学校説明会　要予約
8月 1日（土）12:00～13:30
15:00～16:30
8月29日（土）15:00～16:30
10月24日（土）15:00～16:30

オープンスクール　要予約
8月22日（土）9:00～14:00

SCHOOL DATA

所在地 東京都文京区白山2-36-5
アクセス 都営三田線「白山駅」徒歩6分、地下鉄南北線「本駒込駅」徒歩10分、地下鉄丸ノ内線「茗荷谷駅」徒歩14分、地下鉄千代田線「千駄木駅」徒歩19分
TEL 03-3816-6211
URL https://www.toyo.ac.jp/toyodaikeihoku/hs/

2020年度公立高校入試結果分析

千葉 埼玉

結果からみえてくる来年度入試への展望

安田教育研究所　代表　安田理

前号でみてきた通り東京、神奈川では公立高校の志望者は減少傾向にありました。今号でみる千葉、埼玉でも同様に公立高校の志望者は減っています。平均実倍率をみても緩和傾向は否めません。

公立高校志向が減少し、私立高校志向が増えているのは2年前から首都圏全体でみられる傾向です。では、公立高校の入試が易しくなっているのかというと、そうとばかりはいえません。2次募集校や欠員数が多くなっている一方で、公立高校のなかでも難関といわれている学校は高い人気が続いており、チャレンジした受検生にとっては、なかなか厳しい入試が続いています。

千葉 公立

2020年度千葉県公立高校入試結果

2021年度は「前・後期制」を廃し一本化へ

前期入試

現行制度最後の入試

千葉県の公立高校入試は2021年度から入試機会が一本化されるため、前・後期の2回で行う入試は2020年度が最後の実施となりました。

最後の年となった今春は前・後期とも応募者数・平均倍率は減少、低下しています。

前期は平均実倍率0・03ポイントダウン

千葉県公立高校入試では2021年度から入試機会が一本化されます（47ページ参照）。

ですから2020年度は前・後期に分けて行われる現行制度最後の入試となりました。

前期の平均実倍率は2019年度の1・71倍から1・68倍に低下しました。これは3年連続のダウンということになります。

公立中学校の卒業予定者数が480人減少するのに対応して、県では公立高校の募集定員を440人削減しました。

1月段階での進路希望調査では公立高校希望者が前年より717人減っていました。

400人以上増えていた3年前から減少し続けていますが、1530人を数えた昨年の減少数までは減らず、そのほぼ半数となりました。

県立船橋高校

定員を削減した公立高だがそれを上回る志望者減少に

440人減らしたうち、前期の募集定員は昨年比268人減の2万1758人でしたが、受検者数は1034人減ったため、実倍率は0・04ポイント下がりました。昨年の下降率0・02ポイントより下げ幅が大きくなっています。

前期選抜の受検者数3万6526人のうち、合格者は440人減り2万1111人でした。昨年の減少数500人とほぼ変わっていません。

前期実倍率トップは県立船橋 津田沼が大きく躍進の2位

2020年度、実倍率が最も高かったのは、県立船橋の3・39倍でした。昨年は2位で同校の理数科がトップでしたが、3・34倍→3・49倍→3・27倍→3・39倍と上下動を繰り返しながら3倍以上の高倍率が続いています。県立千葉、東葛飾とともに県立御三家と称されていますが、3校のうち唯一中学募集をしていないことも人気の理由の1つです。

2位は募集数が削減されたのに受検者数を大きく増やした津田沼が入りました。2019年度の2・07倍から3・06倍に倍率が急上昇しています。

昨年7位の東葛飾が3位に順位を上げました。倍率は2・99倍から3・01倍に微増しています。柏の葉は2・84倍から2・99倍に伸ばし10位から4位に浮上しました。昨年3位の県立千葉が3・15倍から2・97倍に下げ5位でした。公立トップ校だけに安定した倍率の高さです。

昨年倍率トップの県立船橋理数科は大きく緩和

■2020年度 前期実倍率上位10校

1位	県立船橋	3.39倍
2位	津田沼	3.06倍
3位	東葛飾	3.01倍
4位	柏の葉	2.99倍
5位	県立千葉	2.97倍
6位	小金（総合）	2.78倍
7位	市立千葉（理数）	2.70倍
8位	幕張総合（総合）	2.69倍
9位	千葉東	2.68倍
9位	市立千葉	2.68倍

（ ）表記がない場合は普通科

■2019年度 前期実倍率上位10校

1位	県立船橋（理数）	4.46倍
2位	県立船橋	3.27倍
3位	県立千葉	3.15倍
3位	千葉東	3.15倍
5位	市立松戸	3.14倍
6位	成田国際	3.03倍
7位	東葛飾	2.99倍
8位	佐倉	2.91倍
9位	小金（総合）	2.90倍
10位	柏の葉	2.84倍

■2018年度 前期実倍率上位10校

1位	県立船橋	3.49倍
2位	千葉東	3.18倍
3位	東葛飾	3.04倍
4位	県立千葉	2.92倍
5位	鎌ヶ谷	2.91倍
6位	県立船橋（理数）	2.88倍
7位	成田国際	2.83倍
7位	柏の葉	2.83倍
9位	小金（総合）	2.81倍
10位	市立稲毛（国際教養）	2.70倍

今春の緩和校は要注意

昨年、県立千葉と同順位だった千葉東も3・15倍から2・68倍に下げ9位でした。両校とも人気校なので来年は少し順位を上げることも考えられます。

上位10校のうち、4年連続でランク入りしたのは県立船橋、県立千葉、千葉東、小金（総合学科）の4校、3年連続で名を連ねたのは東葛飾、柏の葉の2校でした。前年ランク入りしていた佐倉は2・60倍で12位、市立松戸は2・58倍で13位と高倍率でしたが、上位10校には入っていません。また、県立船橋の理数科は4・46倍から1・78倍に大きく緩和しました。

ランキング常連校が決まりつつあるような印象ですが、今後もこの傾向は続きそうです。

また、理数科や国際教養科は合格数が限られるため実倍率の上下動が激しいですが、今後も人気の高さは続くと思われます。

■2020年度 前期受検者数最多10校

1位	幕張総合（総合）	1,087人
2位	県立船橋	650人
3位	津田沼	587人
4位	柏南	549人
5位	小金（総合）	534人
6位	千葉東	515人
7位	鎌ヶ谷	503人
8位	検見川	482人
9位	船橋東	460人
10位	市立千葉	451人

■2019年度 前期受検者数最多10校

1位	幕張総合（総合）	1,002人
2位	県立船橋	627人
3位	千葉東	605人
4位	小金（総合）	557人
5位	柏南	545人
6位	市立松戸	527人
7位	市川東	525人
8位	国分	521人
9位	鎌ヶ谷	515人
10位	佐倉	489人

■2018年度 前期受検者数最多10校

1位	幕張総合	987人
2位	千葉東	686人
3位	県立船橋	663人
4位	東葛飾	584人
5位	柏南	564人
6位	鎌ヶ谷	558人
7位	小金（総合）	540人
8位	検見川	535人
9位	国分	505人
10位	市川東	497人

後期入試

後期も受検者数は減少して定員割れの学校も

千葉県では募集数を上回る合格者数を出すところもあれば、応募者数が定員を満たしていなくても不合格を出すところもあります。前年に続き、定員を下回る合格者数だった定員割れ校が多かったので実倍率が応募倍率を上回りました。募集数1万1351人に対し、1万4442人しか合格を出していません。

後期はチャレンジ志向が増え、実倍率もここ3年は上昇しています。不合格者数も2年連続5000人台だったのが4843人→4287人と減ったものの、厳しい入試もみられました。

一方、定員を満たせず2次募集を実施した高校は2年前に18校から27校に増え、昨年は36校、今年は37校と増加しています。募集数も397人→651人→870人→927人と増え続けています。このような人気の二極化がさらに強まりました。

実倍率トップは下総（自動車）の3・00倍でしたが、募集数13人のところ、6人が受検し2人しか合格し

普通科実倍率トップは東葛飾

後期の受検者数は昨年より659人減り1万4729人、合格者数は102人減の1万4442人でした。平均実倍率は1・46倍から1・41倍に下がりました。応募倍率も1・36倍から1・30倍に下がっていました。

■2020年度
後期実倍率上位10校

1位	下総（自動車）	3.00倍
2位	松戸国際（国際教養）	2.88倍
3位	東葛飾	2.46倍
4位	市立千葉（理数）	2.40倍
5位	県立船橋	2.31倍
6位	市立稲毛（国際教養）	2.10倍
7位	津田沼	2.02倍
7位	木更津東	2.02倍
9位	県立船橋（理数）	2.00倍
9位	柏南	2.00倍
9位	市立習志野（商業）	2.00倍
9位	市川工業（機械）	2.00倍
9位	市川工業（建築）	2.00倍

■2019年度
後期実倍率上位10校

1位	市立船橋（商業）	5.00倍
2位	県立船橋（理数）	2.63倍
3位	市立千葉（理数）	2.60倍
4位	成田国際	2.51倍
5位	館山総合（海洋）	2.50倍
6位	佐倉	2.46倍
7位	県立千葉	2.26倍
8位	小金（総合）	2.23倍
9位	県立船橋	2.19倍
10位	東葛飾	2.09倍

■2018年度
後期実倍率上位10校

1位	市立稲毛（国際教養）	3.20倍
2位	市川工業（建築）	3.00倍
3位	松戸国際（国際教養）	2.63倍
4位	東葛飾	2.52倍
5位	千葉工業（電気）	2.50倍
6位	県立船橋	2.35倍
7位	佐倉（理数）	2.30倍
7位	市立千葉（理数）	2.30倍
9位	市立習志野（商業）	2.11倍
10位	鎌ヶ谷	2.05倍

■2020年度
後期受検者数上位10校

1位	幕張総合（総合）	522人
2位	県立船橋	296人
3位	柏南	288人
4位	津田沼	261人
5位	小金（総合）	249人
6位	鎌ヶ谷	248人
7位	船橋東	242人
8位	東葛飾	239人
9位	市川東	236人
10位	千葉東	233人

■2019年度
後期受検者数上位10校

1位	幕張総合（総合）	453人
2位	小金（総合）	286人
3位	県立船橋	283人
4位	柏南	281人
5位	佐倉	276人
6位	市川東	271人
7位	千葉東	260人
8位	国分	246人
9位	津田沼	244人
10位	鎌ヶ谷	238人

■2018年度
後期受検者数上位10校

1位	幕張総合	467人
2位	東葛飾	333人
3位	県立船橋	310人
4位	千葉東	302人
5位	柏南	292人
6位	鎌ヶ谷	271人
7位	市川東	269人
8位	柏中央	258人
9位	検見川	251人
10位	津田沼	247人

ていません。近隣他都県ではみられない、千葉県独特の定員割れ不合格で、同校は2次募集も行っています。

市川工業の建築、機械も定員より少ない合格者数だった結果の2・00倍でした。専門学科なので、一定の学力を求めた結果なのでしょう。

2位の松戸国際（国際教養）は昨年の1・75倍から2・88倍に急上昇していますが、募集数が24人と少ない分、受検者数の増減が倍率を激しく上下動させています。市立千葉（理数）は10人募集ですが、ほぼ同じ倍率を維持しています。県立船橋（理数）はわずか1人の募集に2人が受検しました。

普通科では東葛飾が2・09倍から2・46倍に上昇して2年ぶりのトップ。県立船橋2・31倍、津田沼・木更津東2・02倍と続きます。前年トップの成田国際は1・99倍で13位でした。前期で不合格になった高校を後期でも受検している割合は高く、一方、「どこでもいいから公立高校に行きたい」と考える受験生は減少しています。

受検者数では前期と同様、幕張総合がトップを維持。2位が県立船橋、3位が柏南でした。

順位に変動はあるものの常連校が名を連ねています。

入試一本化で来年はどうなる

最後に、次年度から入試機会が前・後期の2回から一本化されるにあたり、どのような実倍率になるのか、簡単に触れておきます【左表参照】。

おもな上位校の2020年度前期受検者数を前期と後期の合格者数の合計で割った倍率です。全体の倍率は1・16倍ですから、これまでの高倍率とはまったく違った入試です。

2倍を超えているのは県立船橋と市立千葉（理数）の2校くらいで、定員数の少ない理数や国際教養は注意が必要ですが、これまでより実倍率は緩和します。

新型コロナウイルス感染防止のため、変則的な新学期を迎えたうえ、入試制度が大きく変わることで不安を感じる受験生も多いとは思いますが、過剰に警戒する必要はありません。

ただし、難関校・人気校は実倍率が緩和するといっても難度が下がるわけではないので油断は禁物です。

◆千葉公立高校入試一本化後の予測倍率（推定）

2020年度前期受験者数÷前後期合計＝倍率

校名	前期受検	前後合格計	倍率
県立千葉	428	241	1.78
県立船橋	650	320	2.03
県立船橋（理数）	71	41	1.73
東葛飾	433	241	1.80
千葉東	515	320	1.61
佐倉	436	280	1.56
佐倉（理数）	66	40	1.65
薬園台	342	280	1.22
市立千葉	451	280	1.61
市立千葉（理数）	81	40	2.03
小金（総合）	534	320	1.67
柏	380	280	1.36
柏（理数）	66	41	1.61
船橋東	460	321	1.43
木更津	321	282	1.14
木更津（理数）	50	45	1.11
長生	234	240	0.98
長生（理数）	46	41	1.12
八千代	404	280	1.44
市立稲毛	259	200	1.30
市立稲毛（国際教養）	61	39	1.56
鎌ヶ谷	503	320	1.57
佐原	231	240	0.96
佐原（理数）	35	40	0.88
全県	36,526	31,506	1.16

千葉県公立高校の入試日程抜粋（2021年度）※35ページも参照

■本検査

◆学力検査　2021年2月24日（水）、2月25日（木）

※全日制では、第1日に3教科（国語・数学・英語）の学力検査（国語および数学は各教科50分、英語は60分・各教科100点）を実施。

第2日に2教科（理科・社会）の学力検査（各教科50分、各教科100点）、および学校設定検査を実施。

◆合格発表　2021年3月5日（金）

■追検査

◆（追検査の）**学力検査**　2021年3月3日（水）

◆（追検査の）**合格発表**　2021年3月5日（金）

※追検査は、本検査に出願した者のうちインフルエンザ罹患等のやむを得ない理由により、本検査をまったく受検できなかった者のための検査。

埼玉
公立

埼玉の公立高校入試はすでに一本化されています。それまで2回あった入試機会を一本化してから今春が9度目の入試となりました。その間、全県の平均実倍率は1・15倍→1・17倍→1・18倍→1・18倍→1・19倍→1・19倍→1・18倍→1・17倍→1・14倍と推移しています。このように2年目以降、実倍率はほぼ変わっていませんでしたが、2020年度は、これまでで最も低くなりました。

平均実倍率は 1・17倍から1・14倍に

受検者数は前年より2218人減り4万1313人、合格者数は867人少ない3万6266人でした。

不合格者数も2018年から6748人→6398人→5047人と減少しています。2020年度は不合格者数が大きく減ったせいか、増え続けていた定員割れ校や欠員数は少し減少しました。

欠員補充は7年前の240人から451人→404人→380人→506人と上下動を繰り返していましたが、2018年度は990人に急増、昨年の915人から今年は780人となり、2年連続で減少しました。

2020年度埼玉県公立高校入試結果

入試一本化から9年のうち最も低い実倍率に

首都圏全体では近年の傾向として、大学入試への不安感などから私立志向が高まっています。

埼玉では近隣他都県に先駆けて県内私立に進学した際の就学支援金が充実していた分、いち早く私立人気の上昇傾向がみられました。

私立校への就学支援金充実で私立志向高まり公立志望に影

一方、公立では人気の二極化が進んでいましたが、今年度は人気上位校においても実倍率の緩和がみられました。

実倍率トップには 1・98倍の市立大宮北（理数）

2019年度は理数科4校（県立大宮、川口市立、市立大宮北、松山）が実倍率2倍台で4位までを占めていましたが、2020年度は実倍率が2倍以上になった高校はありませんでした。

受検者総数の減少に加え、少し人気も分散したようです。

実倍率トップは市立大宮北（理数）の1・98倍で、前年の2・05倍から倍率を下げたものの順位を1つ上げています。昨年トップの県立大宮（理数）が2・12倍から1・88倍に下げて2位になっています。同校は7年前に3・07倍の高実倍率となったあと初めて2倍を切りました。

大宮光陵（美術）が昨年の1・30倍から1・75倍に上昇し、3位でした。専門学科は募集数が少ない分、人数の増減が倍率に反映しやすいのですが、埼玉で理数科・外国語科以外で上位に入ったのは2年前の川口市立（文理スポーツ）以来です。

緩和した川口市立は来年度から中学校開校へ
女子難関トップの浦和一女は2年連続で上昇

今年は市立川越（国際経済）も倍率は緩和しましたが、10位に入っています。

新校舎人気が高い川口市立（理数）は2年前に1位でしたが、今年は2・05倍から1・43倍に緩和し14位でした。高倍率への敬遠傾向が働いたのでしょう。同校の文理スポーツも1・51倍から1・20倍、普通科も1・51倍から1・20倍に緩和しています。次年度は反動で増える可能性が高いです。なお、同校は2021年度からは併設中学の開校を予定しています。

市立浦和高校

普通科の実倍率1、2位は2年連続で市立浦和と浦和西

普通科の実倍率トップは2年連続で市立浦和でした。7年前からの推移をみると1・63倍→1・71倍→1・64倍→1・90倍→1・64倍→1・67倍→1・82倍→1・55倍と2年連続の上昇から最も低い倍率に下がりましたが、1位を維持しています。浦和西も2年連続での普通科2位でした。

県内トップ校の県立浦和は1・28倍→1・35倍→1・38倍→1・40倍→1・47倍と4年連続で上昇し、10位に入りました。臨時募集増から募集数を元に戻して2年目だった県立川越も1・37倍→1・27倍→1・36倍→1・44倍と2年連続で上昇、難関男子校の人気が高くなっています。

難関女子校では、浦和第一女子が1・41倍→1・36倍→1・33倍→1・23倍→1・30倍→1・37倍と3年連続のダウンから2年連続でアップ。

県立川越と同様、臨時募集増から募集数を戻して2年目となった川越女子は1・38倍→1・54倍→1・46倍→1・37倍→1・47倍→1・39倍と上下動しています。

共学のトップ校の県立大宮の普通科は1・22倍→1・58倍→1・34倍→1・45倍→1・35倍→1・28倍と隔年現象が続いていましたが、2年連続してダウンしました。

■2020年度 実倍率上位10校

1位	市立大宮北（理数）	1.98倍
2位	県立大宮（理数）	1.88倍
3位	大宮光陵（美術）	1.75倍
4位	松山（理数）	1.73倍
5位	市立浦和	1.55倍
5位	所沢北（理数）	1.55倍
7位	浦和西	1.52倍
8位	蕨（外国語）	1.50倍
9位	蕨	1.48倍
10位	県立浦和	1.47倍
10位	市立川越（国際経済）	1.47倍

■2019年度 実倍率上位10校

1位	県立大宮（理数）	2.12倍
2位	川口市立（理数）	2.05倍
2位	市立大宮北（理数）	2.05倍
2位	松山（理数）	2.05倍
5位	市立浦和	1.82倍
6位	所沢北（理数）	1.73倍
6位	春日部女子（外国語）	1.73倍
8位	草加南（外国語）	1.63倍
9位	浦和西	1.61倍
10位	坂戸（外国語）	1.60倍

■2018年度 実倍率上位10校

1位	川口市立（理数）	2.28倍
2位	川口市立（文理スポーツ）	2.14倍
3位	県立大宮（理数）	2.10倍
4位	松山（理数）	2.00倍
5位	春日部女子（外国語）	1.76倍
5位	市立大宮北（理数）	1.76倍
7位	越ヶ谷	1.68倍
8位	市立浦和	1.67倍
9位	所沢北（理数）	1.65倍
10位	南稜	1.59倍

受検者数1位は今年も募集数多い伊奈学園総合

■2020年度
受検者数上位10校

1位	伊奈学園総合	797人
2位	浦和西	554人
3位	県立浦和	528人
4位	県立川越	518人
5位	川口北	499人
6位	川越女子	497人
7位	浦和第一女子	493人
8位	蕨	478人
9位	春日部	477人
10位	与野	473人

■2019年度
受検者数上位10校

1位	伊奈学園総合	830人
2位	浦和西	591人
3位	川越女子	535人
4位	所沢	527人
5位	川越南	514人
6位	県立浦和	509人
7位	県立川越	499人
8位	川口市立	495人
9位	与野	494人
10位	所沢北	481人

■2018年度
受検者数上位10校

1位	伊奈学園総合	974人
2位	浦和西	573人
3位	川越女子	548人
4位	越ヶ谷	545人
5位	川越南	537人
6位	所沢	536人
7位	川口北	516人
8位	南稜	512人
9位	県立川越	507人
9位	川口市立	507人

浦和西は5年連続の2位

受検者数上位2校は、伊奈学園総合と浦和西で、毎年同じ顔ぶれが続いています。

募集規模の大きい伊奈学園総合が952人→817人→974人→830人→797人と隔年現象が続いたあと、2年連続で減少しましたがトップを維持しています。

5年連続で2位の浦和西も594人→620人→573人→591人→554人と隔年現象が続いています。3位は難関の県立浦和で、509人から528人に増え、6位から順位を上げました。

順位に多少の違いはあるものの、受験者数上位10校のうち6校が前年に続いて名を連ねています。

学校選択問題実施校では県立浦和が3年連続受検者増

埼玉の公立高校入試では数学と英語の学力検査で、一部の学校で応用的な内容を含む「学校選択問題」を出題しています。

2020年度は、この学校選択問題の制度が採用されて4回目の入試でした。

導入校は春日部女子が昨年から加わり21校に増えました。

次ページの表は、学校選択問題導入校の、ここ3年の受検者数と倍率の推移です。右欄には合格者数の一覧も載せました。

このうち普通科で前年より受検者数を増やしたのは県立浦和、浦和第一女子、春日部女子、川口北、県立川越、熊谷女子、熊谷西、和光国際、蕨の9校でした。このうち、県立浦和が3年連続、浦和第一女子、蕨の2校が2年連続で増加しています。昨年の4校から増加校が倍以上に増えました。

普通科以外では熊谷西（理数）、蕨

埼玉県公立高校の入試日程抜粋（2021年度）

◆入学願書提出期間
2021年2月15日（月）、16日（火）

◆志願先変更期間
2月18日（木）、19日（金）

◆学力検査
2月26日（金）

◆実技検査（芸術系学科等）、面接（一部の学校）
3月1日（月）

◆追検査
3月3日（水）

◆合格発表
3月8日（月）

※追検査は急病等やむを得ない事情により学力検査を受検できなかった志願者を対象として実施する。

※欠員補充の日程および内容については、実施する高等学校において定める。

（外国語）が微増したほかは減少。昨年、募集数を1人下回った春日部女子は募集数を1人だけ上回りましたが、実倍率は変わっていません。

学校選択問題導入校の総受検者数は減少しています。もちろん全体的に受検者が減少したことも影響していますが、敬遠されたケースもあったのでしょう。

学校選択問題導入校総数の平均実倍率は1・31倍ですから全体からみれば高いのですが、全体の平均実倍率1・14倍を下回った高校・学科も5校ありました。

学校選択問題の受検者平均点は数学が43・7点→53・5点→55・2点と上昇し、英語は58・9点→64・3点→58・9点と2年前と同じ点数に下降しています。

昨年の平均点では学校選択問題より共通問題の方が低くなっていました。

今年は共通問題での平均点が、数学で42・3点から67・9点に急上昇しました。英語も47・7点から52・2点に上昇し差は縮まりましたが、今年も学校選択問題の方が高いままでした。

◆埼玉県公立高校　学校選択問題実施校　受検者数・倍率　合格者数

	20受検	19受検	18受検	20倍率	19倍率	18倍率	20合	19合	18合
浦和	528	509	502	1.47	1.40	1.38	360	363	364
浦和第一女子	493	480	448	1.37	1.30	1.23	361	368	365
浦和西	554	591	573	1.52	1.61	1.57	365	368	364
大宮	414	438	473	1.28	1.35	1.45	323	325	327
大宮（理数）	77	87	88	1.88	2.12	2.10	41	41	42
春日部	477	478	491	1.33	1.32	1.35	359	362	364
春日部女子	279	277	328	1.00	1.00	1.15	278	278	286
春日部女子（外国語）	56	69	72	1.37	1.73	1.76	41	40	41
川口北	499	461	516	1.39	1.27	1.42	359	362	363
川越	518	499	507	1.44	1.36	1.27	360	367	400
川越女子	497	535	548	1.39	1.47	1.37	358	364	399
川越南	467	514	537	1.30	1.42	1.48	358	362	362
熊谷	341	392	392	1.07	1.21	1.22	319	323	322
熊谷女子	374	367	406	1.17	1.13	1.24	319	325	327
熊谷西	349	289	310	1.22	1.04	1.10	285	278	281
熊谷西（理数）	45	44	46	1.13	1.10	1.15	40	40	40
越ヶ谷	424	472	545	1.33	1.45	1.68	320	325	325
越谷北	354	361	431	1.11	1.12	1.34	318	323	322
越谷北（理数）	51	60	57	1.28	1.50	1.43	40	40	40
所沢	438	527	536	1.21	1.46	1.48	362	362	363
所沢北	362	481	495	1.13	1.48	1.54	319	326	322
所沢北（理数）	62	69	66	1.55	1.73	1.65	40	40	40
不動岡	389	419	420	1.22	1.30	1.30	318	322	322
不動岡（外国語）	41	65	62	1.03	1.59	1.55	40	41	40
和光国際	322	298	313	1.35	1.24	1.30	238	241	241
和光国際（外国語）	112	126	126	1.42	1.54	1.54	79	82	82
蕨	478	473	413	1.48	1.47	1.16	322	322	357
蕨（外国語）	60	58	58	1.50	1.41	1.45	40	41	40
市立浦和	379	448	478	1.55	1.82	1.67	245	246	287
合計	9440	9887	9909	1.31	1.36	1.39	7207	7277	7142

春日部女子は2019年度から実施

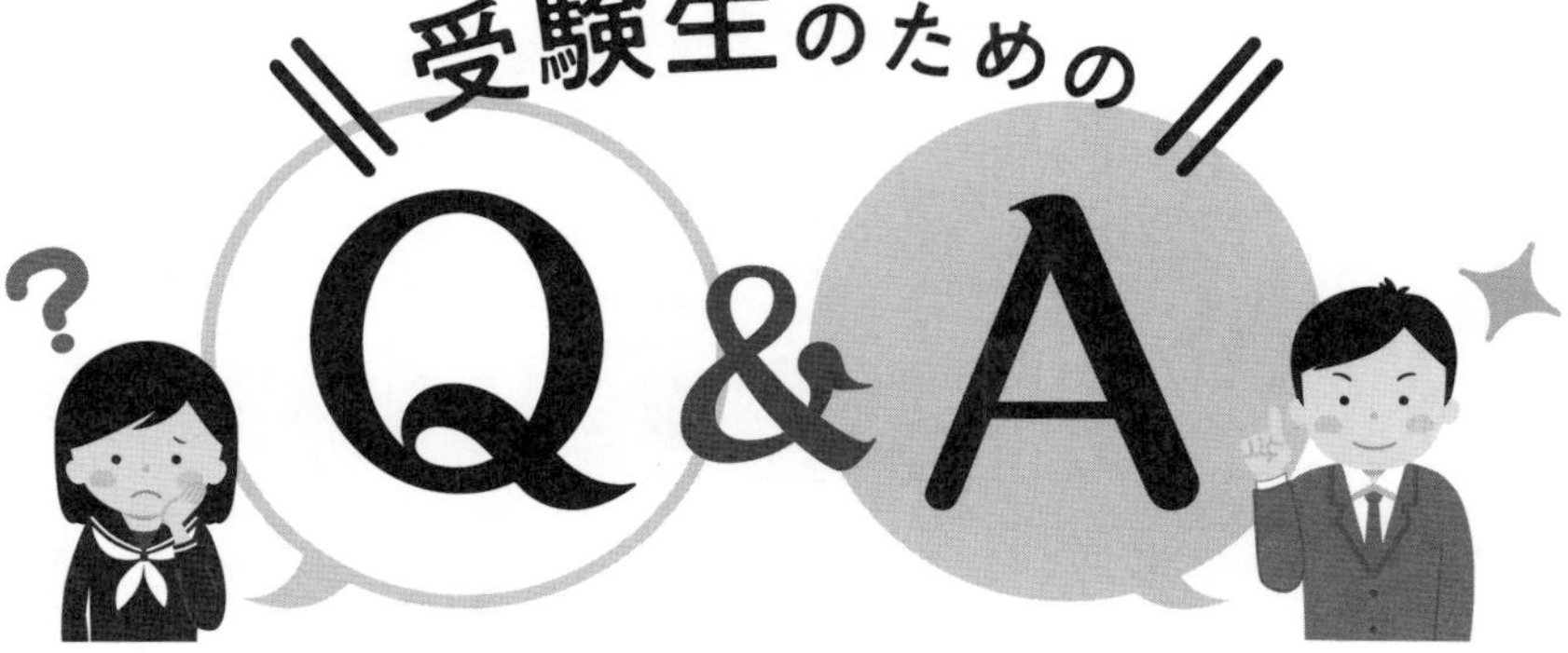

実技教科の内申点を上げるにはどうしたらいいのでしょうか。塾でも教えてもらえないので困っています

中２の男子です。内申点にも影響するので、実技教科の成績を上げたいと思っています。しかし、そもそも実技教科が苦手ですし、塾でも教えてもらえない教科なので、どうしたら成績を上げられるのか悩んでいます。なにかいい方法があれば知りたいです。　（千葉県柏市・US）

簡単に成績を上げるのは難しい教科ですから、日々の積み重ねを丁寧に行っていきましょう

内申点とは、入試で使用する調査書に記載される成績評価のことです。この評価は、中学校で勉強している９教科すべてを数値化して行われます。そして、公立高校入試や私立高校の推薦入試などでは、この内申点が大きな比重を占めることがあります。

９教科を総合しての評価のため、いわゆる実技教科の音楽・美術・体育・技術家庭などの評価が全体に大きな影響をおよぼすことから、だれしもこの実技教科でいい評価を得たいと考えているはずです。

ただ、残念ながら、特別な対策方法はないと思います。もし考えられるとすれば、毎回の授業を真剣に受けて授業態度をよくすること、作品や課題などを忘れずにきちんと提出すること、学校の中間・期末テストなどのペーパーテストはしっかり準備をして臨み、いい得点をとることなどがあげられます。これらは当然のことであり、わざわざ「対策」というほどのことでもありません。

受験学年になるとだれもが「内申点を上げたい」と考え、だれもがそのための努力をします。中３から成績を上げようとしても思うように成果が出ないことの方が多いので、中１・中２の段階から前述のようなことを自分でしっかり意識していくことが大切です。とくに、実技教科の評価では提出物がポイントとなることが多いようです。出された課題に忘れずに取り組み、自分で納得できる内容を期日までに提出するようにしましょう。

毎年高い人気を誇る国立大学の附属高校ですが、進学するメリットとして、どんなことがあげられますか？

国立大学の附属高校に入学しても、その国立大学に推薦で内部進学はできないと聞きました。それなのに、どうして国立大学の附属高校は人気があって、入るのが難しいのでしょうか。国立大学附属高校に進むメリットを教えてください。

（東京都八王子市・SW）

大学施設の利用が可能、優秀な生徒と切磋琢磨できる環境があるなど、魅力は色々とあります

国立大学附属高校の場合、私立大学附属高校とは違って、その大学へ内部推薦入学できる特典はいっさいありません。これは、どの国立大学附属高校でも同じです。国立大学附属の小学校・中学校・高校は、いずれも大学までの一貫教育を実施することを目的に設置されたのではなく、教育実験校としての役割を果たすために設置された学校だからです。

国立大学附属高校では、高校段階においても生徒募集を行っているところがほとんどです。定員は決して多くないのに、一般的に比較的広い範囲から受験が可能で、多くの成績上位者が受験するため、応募倍率や入学難度が高くなりがちです。

そして、入学時から生徒の学力が高いため、大学入試においてもすばらしい合格実績をあげている国立大学附属高校もあります。これまでの指導経験の積み重ねと、成績上位者を指導するノウハウをもった先生方が多く、高い学力をさらに伸ばすことができる環境にあるといえるでしょう。

また、優秀な生徒が入学してくるという意味では、そうした仲間と切磋琢磨できるのもメリットの１つです。

大学の施設が利用可能な点、大学教授によるサポート体制が充実している点など、ほかにもメリットはあります。そして各校とも長年にわたって培われてきた学校文化を持ち、実社会の多様な分野で活躍している数多くの優秀な卒業生がいることも大きな魅力といえます。

受験が近づいてきたら習いごとはいったん休止すべきでしょうか。それとも続けてもいいものでしょうか

中３の子どもについての相談です。いま続けている習いごとを、受験期にどこまでセーブさせるべきか悩んでいます。習いごとは受験に必須なものではないので、本人は続けたがったとしても、いったん、休止させた方がいいのでしょうか。

（東京都練馬区・YH）

習いごとと受験の両立は不可能ではありません。受験を一番に考えつつ、うまくバランスをとってみて

習いごとが具体的にどのようなものか不明ですが、一般的にはピアノなどの楽器演奏、書道、珠算、ダンス、さらには学校の部活動以外でのサッカーや水泳などが考えられます。

結論からいえば、高校受験が控えているからといって必ずしも習いごとをやめる必要はありません。場合によっては、幼いころから長年にわたって取り組んできた習いごともあるでしょう。高校受験のために完全に中断してしまうと、これまでの努力がムダになってしまうこともあるかもしれません。

こうした習いごとと高校受験は、両立できないわけではありません。要はバランスをどうとるか、比重をどうおくか、だと思います。習いごとのために進学塾に通うのが難しい、夏期講習などに参加できない、というなら問題ですが、そうでないなら両立させることは可能です。

また、お子さんにもよりますが、習いごとが受験勉強の息抜きになることもあるでしょう。それは、受験勉強を進めるうえでもプラスになります。お子さんが習いごとを続けたいと希望する場合は、完全に休止するのではなく、受験勉強と両立するような形で続けた方が、いい結果につながるかもしれません。実際に、習いごとを続けながら志望校に合格した例はたくさんあります。

日程的にあまりにも窮屈になるような場合は、受験生であることを考慮して調整が必要ですが、基本的には受験生としての自覚を持ちつつ、どちらも頑張る方向でいいと思います。

Q 子どもが希望するのは部活動の強豪校ですが、親としては偏差値の高い学校に行ってほしいと思っています

子どもは中学校で所属している運動部の強豪校に進学を希望しています。ただ、塾の先生はもっと学力的に上の高校をめざせるといってくれていますし、親としても少しでも偏差値の高い学校に行かせたいのですが、子どもの希望を尊重すべきでしょうか。 （埼玉県所沢市・YT）

A 偏差値だけにとらわれるのは危険です。将来どのような道に進みたいのか、親子でよく話しあってみましょう

中学校で熱心に取り組んでいる部活動を高校でも続けたいと思うのは、多くの中学生に共通することでしょう。そして、その種目が好きになった生徒は、できれば強豪校に進学して、さらに上をめざしたいと考えることも少なくないと思います。

しかし、親としては、長い人生を考えたとき、運動選手として大成する保証もないので、もっと広い視野で進路を選ぶ方が本人のためにも望ましいと考えるのは当然でしょう。

ただ、ご質問者がなにげなく書かれている「少しでも偏差値の高い高校に」という考え方は、再考の余地があるのではないでしょうか。偏差値が高いこと自体は決して悪いことではないのですが、偏差値さえ高ければ、その学校がいい学校であり、お子さんに適した学校であると決めつけるのは得策ではありません。学校を選択する際、偏差値だけを選択基準とするのは結果的に悔いのない学校選びにはつながりにくいということです。

ですから、お子さんともよく話しあったうえで、まずは将来、どのような道に進みたいのかを考えさせることが大切です。現在取り組んでいる部活動だけが人生のすべてではないということを理解してもらえるなら、お子さんも視野を広く持って学校選びができるでしょう。

また、視点を変えてみると、強豪校を選ばなければ、レギュラーとして活動しやすいというメリットもあります。こうしたアドバイスもぜひしてみてください。

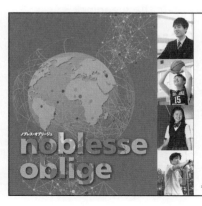

日本《にほん》大学《だいがく》高等学校

神奈川 共学校

●神奈川県横浜市港北区箕輪町2-9-1
●東急東横線・東急目黒線・横浜市営地下鉄グリーンライン「日吉駅」徒歩12分またはスクールバス
●045-560-2600
●https://www.yokohama.hs.nihon-u.ac.jp/

学校説明会
10月 3日(土) 13:30～
10月31日(土) 14:00～
11月28日(土) 13:30～

学校見学 要予約
随時実施

問題

右の図のように，2つの放物線 $y=\frac{1}{4}x^2$，$y=-\frac{1}{6}x^2$ があり，直線 $y=\frac{1}{2}x+2$ と $y=\frac{1}{4}x^2$ が2点A，Bで交わる。四角形ABCDが平行四辺形になるように，y 軸上に点C，$y=-\frac{1}{6}x^2$ 上に点Dをとる。

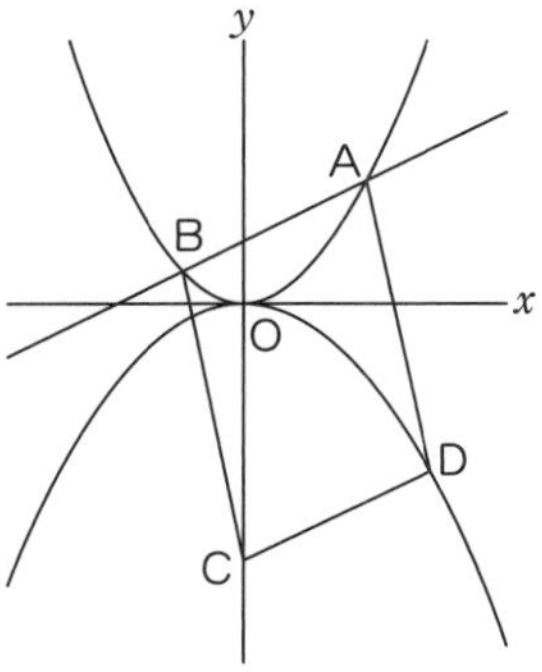

(1) 点Aの座標は（ア，イ），点Dの座標は（ウ，エオ）である。

(2) 直線 $y=x$ と直線BCの交点の x 座標は $x=\frac{\text{カキ}}{\text{ク}}$ である。

(3) 直線 $y=x$ で，この平行四辺形を2つに分けるとき，点Bを含む図形の面積は $\frac{\text{ケコ}}{\text{サ}}$ である。

解答 ア4、イ4、ウ6、エ－、オ6、カ－、キ3、ク2、ケ3、コ3、サ4

日出《ひので》学園《がくえん》高等学校

千葉 共学校

●千葉県市川市菅野3-23-1
●京成線「菅野駅」徒歩5分、JR総武線「市川駅」徒歩15分またはバス、JR常磐線・新京成線「松戸駅」バス
●047-324-0071
●http://high.hinode.ed.jp/

学校見学 要予約
毎日実施

入試説明会 要予約
11月21日(土) 14:00～

問題

You can understand some words from looking at their form. For example, you have never seen "unforgettable" before, but the different parts of the word — un, forget(t), able — should each tell you something and help you to think about the meaning.

問 下線部の単語の意味にあたると思われるものを選択肢から選びなさい。

①忘れる ②許せる ③忘れられない ④許せない

（長文問題より抜粋）

解答 ③

レッツトライ！ 入試問題

桜美林《おうびりん》高等学校

東京　共学校

問題

鏡とレーザーポインターを使って，光が進む道筋について考えた。光の進み方には，次のような性質があることがわかっている。

レーザーポインターから出た光は直進し，鏡に当たると，図１のように∠xと∠yが等しくなるように反射し，再び直進する。

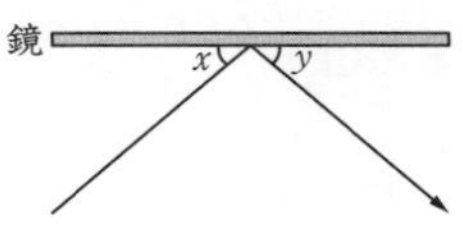

図１

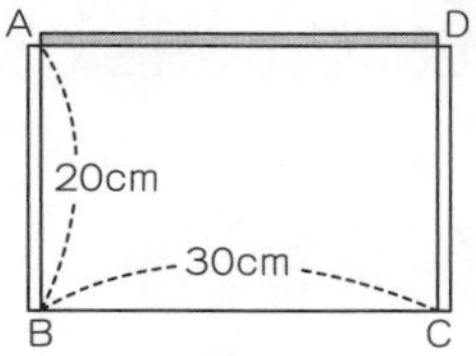

図２

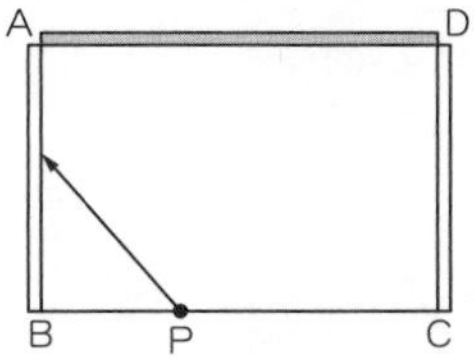

図３

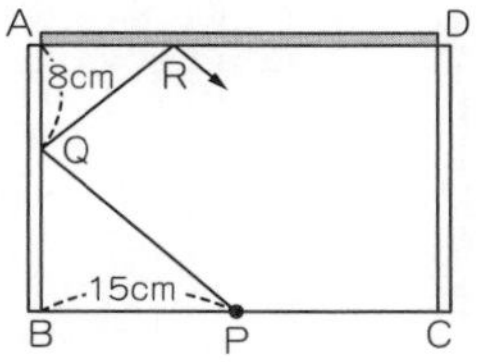

図４

図２のように，AB＝20cm，BC＝30cmの長方形ABCDがかかれた用紙を水平な台の上に置き，辺AB，AD，CDに重なるように３枚の鏡をそれぞれ用紙に垂直に立てた。図３のように，長方形ABCDの辺BC上に点Ｐをとり，点Ｐから辺ABに向かってレーザーポインターで光を水平に当てる。

このとき，次の問いに答えなさい。

図４のように，BP＝15cmとして，辺AB上のAQ＝８cmとなる点Ｑに向かって光を当てると，点Ｑで反射した光は辺AD上の点Ｒで反射した。このとき，線分ARの長さを求めなさい。

（一部省略）

解答　AR＝10cm

●東京都町田市常盤町3758
●JR横浜線「淵野辺駅」徒歩20分またはスクールバス、小田急線ほか「多摩センター駅」スクールバス、小田急線「町田駅」バス
●042-797-2667
●http://www.obirin.ed.jp/

夏期学校説明会　要予約

7月25日（土）　10:00～11:30
7月30日（木）　10:00～11:30
　　　　　　　　13:30～15:00
7月31日（金）　10:00～11:30
　　　　　　　　13:30～15:00

学校説明会　要予約

9月26日（土）　10月24日（土）
両日とも14:00～15:30

中央《ちゅうおう》大学《だいがく》杉並《すぎなみ》高等学校

東京　共学校

●東京都杉並区今川2-7-1
●西武新宿線「上井草駅」徒歩12分、JR中央線「西荻窪駅」徒歩20分またはバス、JR中央線「荻窪駅」徒歩25分またはバス、西武池袋線「石神井公園駅」バス
●03-3390-3175
●http://www.chusugi.jp/

学校説明会　要予約

10月31日（土）　11月28日（土）

問題

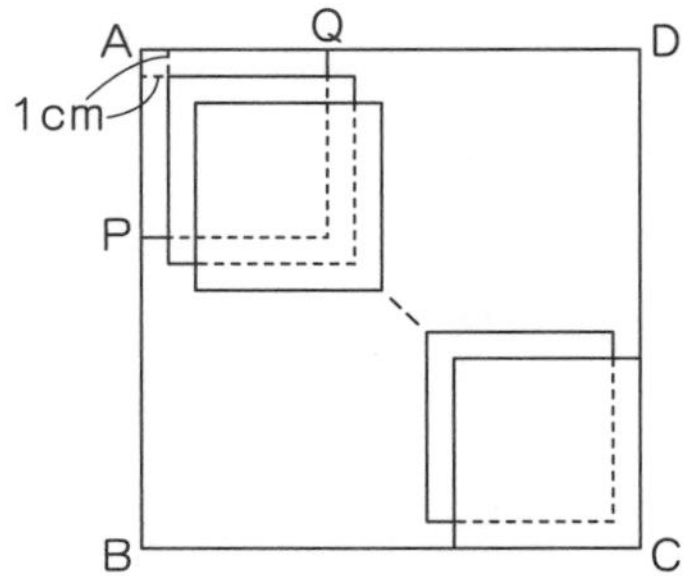

正方形の台紙に正方形の色紙を少しずつずらした位置にはって，模様を作ることにしました。図において，四角形ABCDは１辺の長さが18cmの正方形の台紙を示しています。点Ｐは線分AB上の点であり，点Ｑは線分AD上の点です。AP＝AQ＝６cmとします。

まず，１辺の長さが６cmの正方形の色紙をその３つの頂点がＡ，Ｐ，Ｑの位置にくるように台紙にはります。次に，その位置から右に１cm，下に１cmずつずらした位置に同じ大きさの別の色紙を図のようにはります。同様に，右に１cm，下に１cmずつずらした位置に同じ大きさの別の色紙をはり続け，色紙の右下の頂点がＣと一致したとき，はり終えるとします。このとき，次の問に答えなさい。

問１　台紙に色紙をはり終えたとき，はった色紙の枚数を求めなさい。

問２　問１のとき，正方形ABCDは色紙をはった部分と，色紙をはっていない部分とに分けられます。正方形ABCDのうち，色紙をはった部分の面積を求めなさい。

（一部省略）

解答　問１：13枚　問２：168cm²

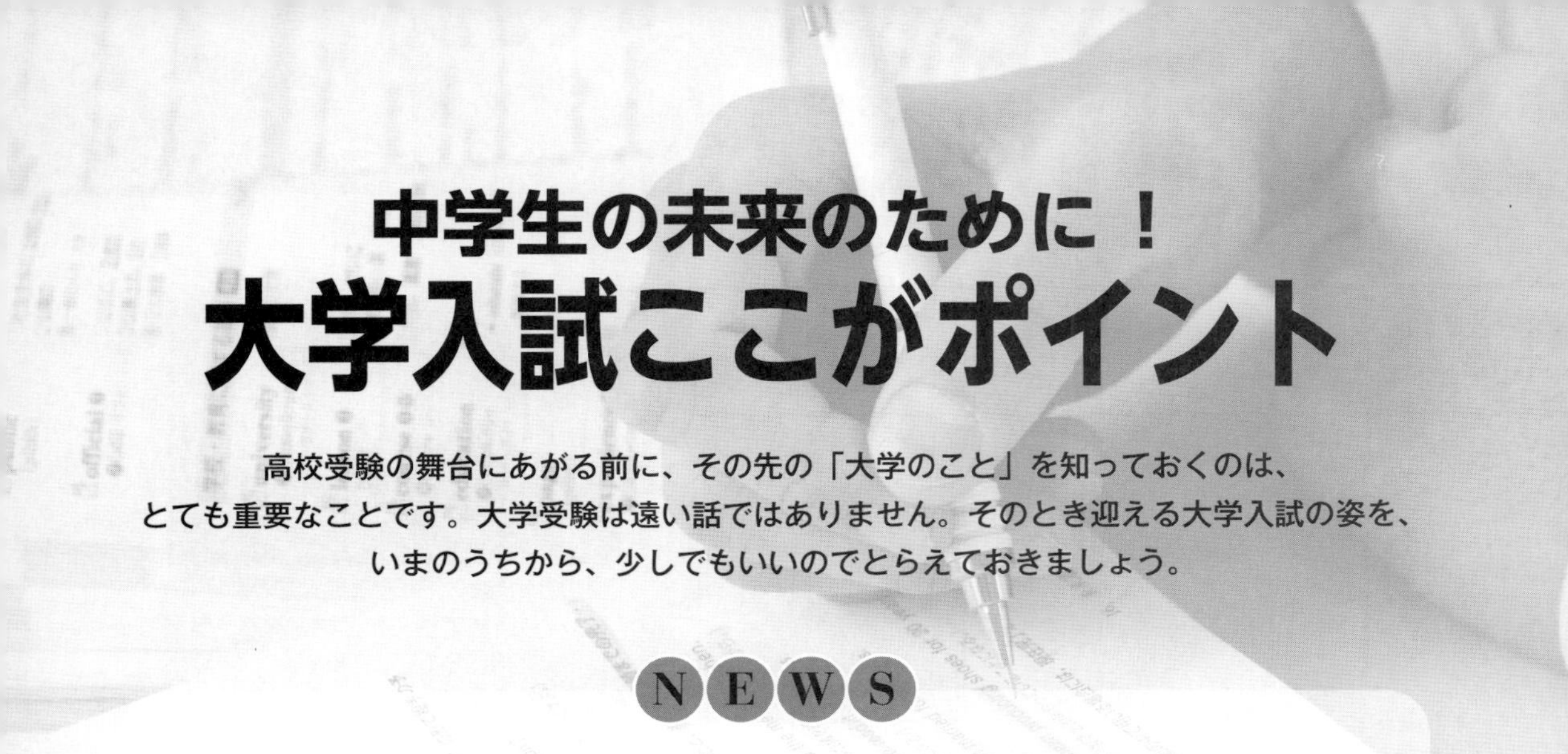

中学生の未来のために！

大学入試ここがポイント

高校受験の舞台にあがる前に、その先の「大学のこと」を知っておくのは、
とても重要なことです。大学受験は遠い話ではありません。そのとき迎える大学入試の姿を、
いまのうちから、少しでもいいのでとらえておきましょう。

コロナ禍での大学入試日程ようやく決まる

NEWS

2週間の猶予を与えて共通テストに第2日程

文部科学省は6月、2021年の年明け早々、大学入試センター試験に代わって初めて行われる「大学入学共通テスト」について、当初予定の来年1月16日（土）・17日（日）に『第1日程』を、さらに2週間後の1月30日（土）・31日（日）に『第2日程』（兼・第1日程の追試験）を行うと決めました。

第2日程は休校で学習が遅れた生徒に対する救済措置から生まれた日程で、受験生は、第1、第2の日程のうち、どちらかを希望して受けるスタイルです。

ただし、〝浪人生は第2日程対象外〟となります。

なお、第2日程に対する追試験は2月13日（土）、14日（日）に設定されました。

また大学ごとの個別試験については、各大学に『出題範囲を縮小するよう要請』し、高校3年での学習量が多い「数学Ⅲ」や物理などの科目について、学びきれなかった範囲を避けられるよう選択問題を設けて対処するなど各大学の対応を、7月31日（金）までに公表するよう求めています。

個別試験は2月1日（月）から3月25日（木）までの間で実施することとなっていますが、新型コロナウイルス感染症などに罹患した志願者に受験機会を与えるため、各大学に「追試験の設定」や「追加の受験料を徴収せずに別日程への振り替え」のいずれかの方策を必ず講じるよう求めています。

個別試験については、私立大学は2月1日から、国立大学の二次前期試験は2月25日（木）から、公立大学の二次中期試験は3月8日（月）から、国立大学の二次後期試験は3月12日（金）開始です。

総合型選抜や学校推薦型選抜も日程に配慮

また文科省は、総合型選抜（昨年までのAO入試）については、新型コロナウイルス感染症に伴う高校の臨時休業期間に配慮し、入学願書受付を当初予定の9月1日（火）から同15日（火）以降へと2週間後ろ倒しし、遅らせることとしました。

同時に学校推薦型選抜（昨年までの推薦入試）は、入学願書受付期間を11月1日（日）以降とすることも発表しました。

このほか、第2波の到来など、今後の新型コロナウイルスの感染拡大状況によっては、試験期日を改めて検討することも付け加えています。

その研究が未来を拓く

研究室にズームイン

恐竜の化石を発掘し その生態を探る研究

国立科学博物館　標本資料センター
コレクションディレクター
真《ま》鍋《なべ》真《まこと》 先生

中学生のみなさんにはあまりなじみがないかもしれませんが、日本には数多くの研究所・研究室があり、そこではみなさんの知的好奇心を刺激するような様々な研究が行われています。このコーナーではそんな研究所・研究室での取り組みや施設の様子を紹介していきます。今回は、国立科学博物館の標本資料センター・コレクションディレクターを務め、恐竜の化石の研究者でもある真鍋真先生の研究です。

写真提供　国立科学博物館、真鍋真先生

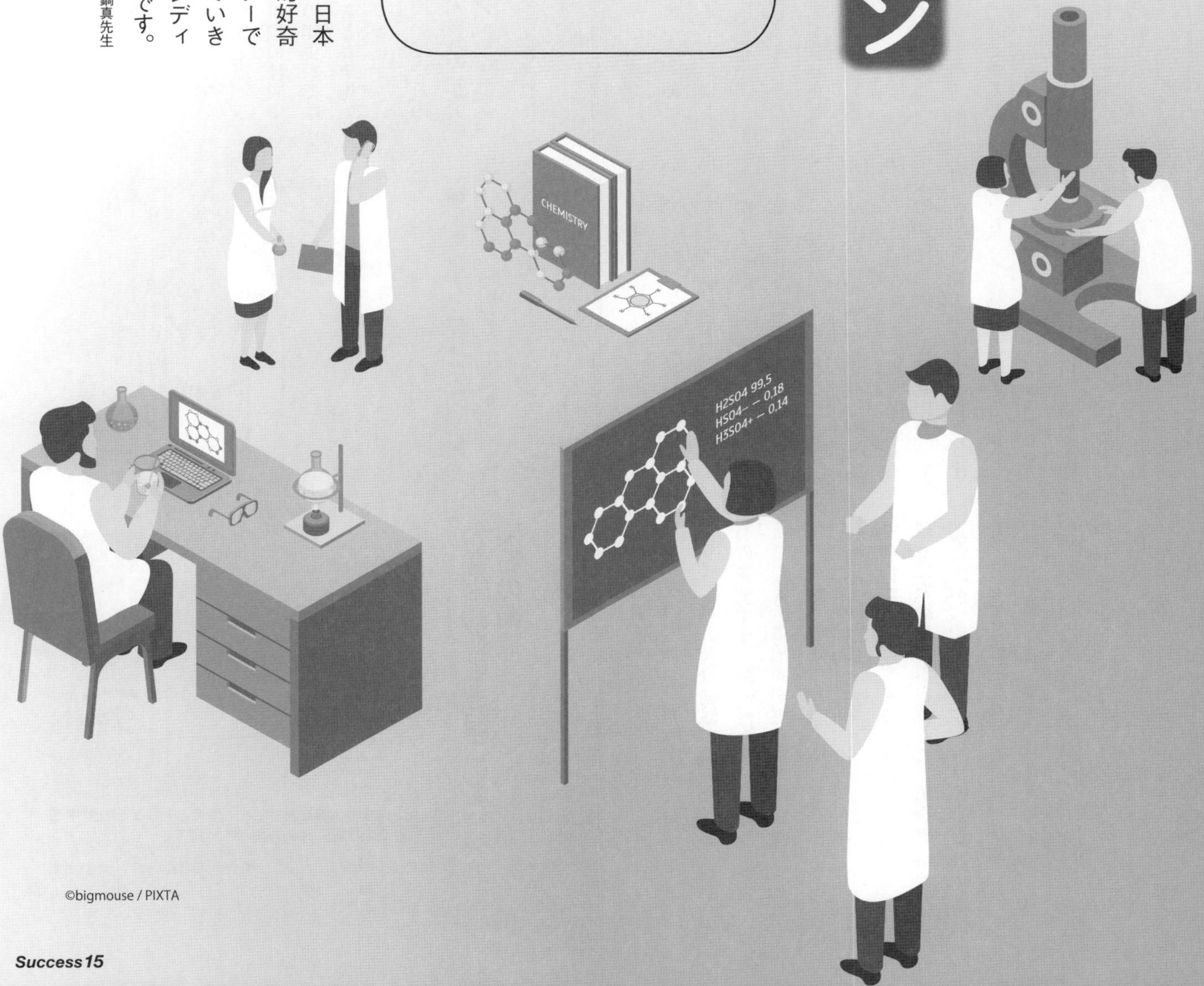

©bigmouse / PIXTA

恐竜が繁栄した要因は骨盤に開いた穴だった!?

JR線「上野駅」から徒歩5分のところに位置する国立科学博物館。日本館と地球館の2つがあり、様々な常設展示を行うとともに、定期的に特別展や企画展を開催する施設です。みなさんは行ったことがありますか。

地球館の地下1階には、「地球環境の変動と生物の進化」のテーマの1つとして恐竜展示室があり、ティラノサウルスやトリケラトプスといっただれでも一度は耳にしたことのある恐竜の化石が展示されています。

今回は、国立科学博物館全体の標本資料センター・コレクションディレクター、そして恐竜の化石の研究者である真鍋真先生の研究をご紹介しながら、恐竜展示室についてもお伝えしていきます。

さて、恐竜は人類が誕生するずっと前、中生代（約2億5000年前～約6600万年前）に繁栄していました。生物学的に分類すると、ワニやトカゲといった爬《は》虫類の仲間ですが、恐竜とそのほかの爬虫類では骨格に大きな違いがあると真鍋先生は話されます。

「恐竜は骨盤に穴が開いているのが特徴です。その穴に太ももの骨（大腿骨）の付け根部分（骨頭）がぐっと入り込むことで、脚を胴体の真下にまっすぐに伸ばせます」

恐竜以外の爬虫類は骨盤に穴は開いておらず、浅いくぼみがあるだけです。そのため、脚をまっすぐ伸ばせず、膝が横に突き出る、いわゆる「がに股」になってしまいます。

ワニを想像してみましょう。その歩き方は特徴的で、腕立て伏せをしているように身体を伏せて、がに股で地面を這《は》っています。

しかし、恐竜はまったく異なり、脚をまっすぐに伸ばしてコンパスを長くすることによって、速く走ることが可能になりました。すると、獲物を捕まえられる可能性が高まり、同時に敵から素早く逃げることもできるようになり、恐竜は繁栄したのです。

「脚をまっすぐ伸ばせる」と聞くと、「人間も同じようにできるけど、骨盤に穴が開いているのかな」と思う方もいるのではないでしょうか。しかしそうではありません。穴は開いていませんが、くぼみがとても深いので、大腿骨の骨頭がしっかりと奥まで入り、脚をまっすぐに伸ばすことができているのです。

恐竜と同じ骨盤を持つ動物は鳥類です。絶滅したといわれる恐竜ですが、小さな恐竜は鳥に進化し現在も生きています。

このように、恐竜の研究においては、人間をはじめ、ほかの動物と比較したり、その知識を応用したりしながら進めていくため、まず人間、そして身近な動物の骨格や筋肉を知ることが重要です。それを伝えるために、恐竜展示室には、人間の骨格標本も飾られています。

大量絶滅を引き起こした隕石の衝突

ほかの爬虫類とは異なる骨盤を持ち、長い間繁栄した恐竜でしたが、約6600万年前のある出来事によって、その大部分が絶滅することになりました。「大量絶滅の原因は、隕石の衝突です。隕石は粉々に砕け、落ちた場所は地面がボロボロになって、それらのかけらが空中に巻き上げられて大気圏に層を作りました。その層が太陽の光をさえぎり、全地球的に寒冷化するとともに、植物は光合成ができず枯れてしまいました。そして連鎖的に植物を食べていた草食恐竜が死に絶え、草食恐竜を餌としていた肉食恐竜も絶滅していったと考えられています」と真鍋先生。

恐竜展示室には、隕石が落ちたこ

真鍋《まなべ》 真《まこと》

横浜国立大学教育学部卒業、米イェール大学大学院修士課程、英ブリストル大学大学院博士課程修了。博士(理学)。国立科学博物館地学研究部研究官等を経て、現在、同博物館標本資料センター・コレクションディレクター、分子生物多様性研究資料センター・センター長として勤務。

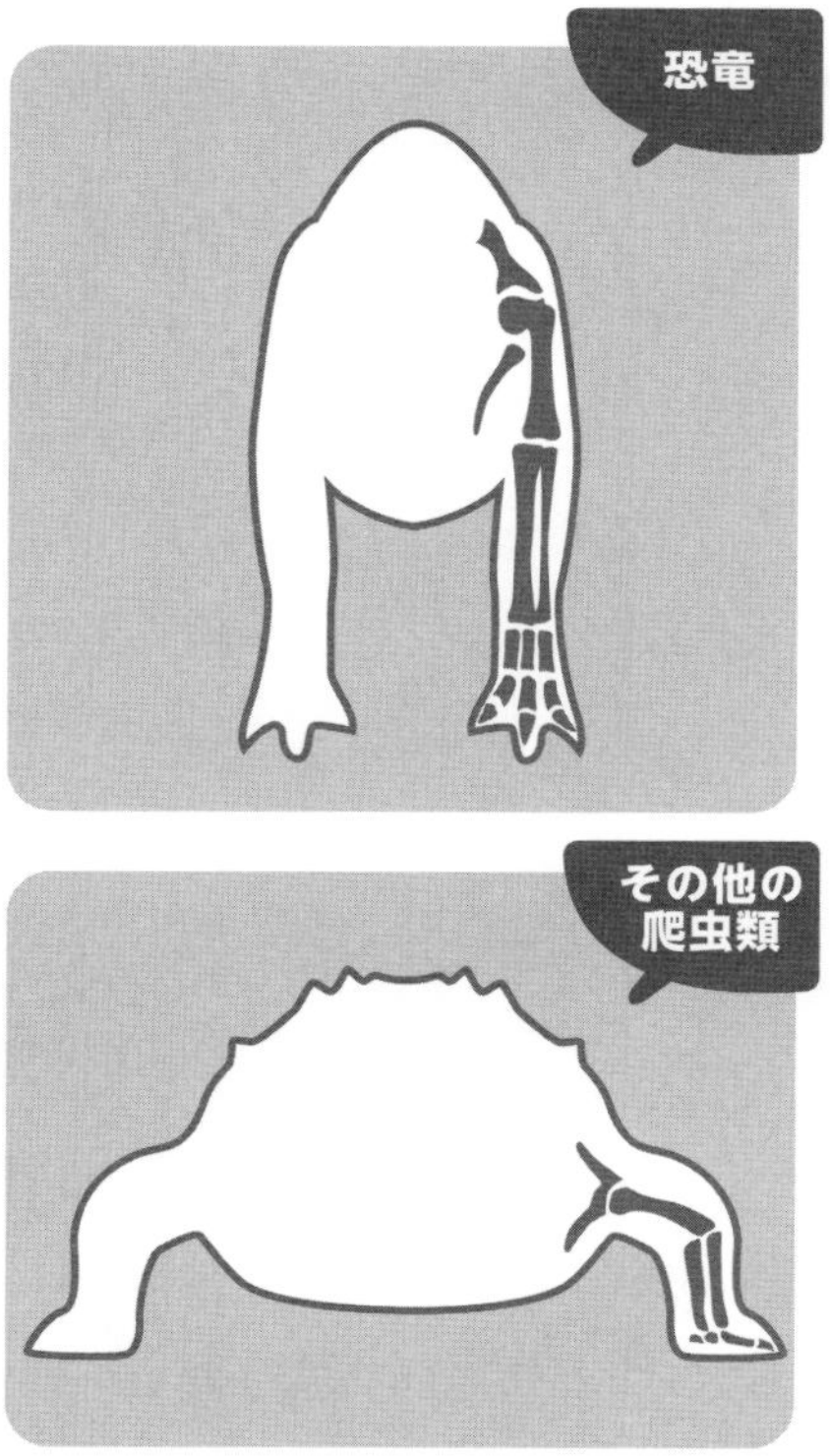

同じ爬虫類であっても、恐竜とそのほかの爬虫類では骨盤に大きな違いがあります。

国立科学博物館の展示パネルより作成

アルゼンチンの南にあるパタゴニア地方で発掘をする真鍋先生（右端）。現地の研究者と共同で作業を行います。

とを示す地層が展示されています。矢印の部分【写真㊦】がちょうど隕石が衝突したとされる約6600万年前の地層にあたります。

サンプルを切り取り分析すると、矢印の部分に、隕石にとくに多く含まれる「イリジウム」という元素が大量に発見されました。そして矢印よりも上にいくにつれ「イリジウム」の含有量が減っていきます。

さらに、矢印よりも下、約6600万年よりも古い地層からは、恐竜の化石が発掘されますが、約6600万年を境に恐竜の化石は発見されなくなるそうです。

「大量絶滅は、私がいま力を入れている研究テーマの1つです。じつは、恐竜の化石が多く発掘されるアメリカ以外の地で、大量絶滅直前、どんな種類の恐竜が繁栄していたかはよくわかっていません。それを解明したいと、3月はアルゼンチンで発掘を行いました。現地の研究者から、ちょうどその時代の化石が発掘できそうだと連絡を受けたんです。今回見つかったのは大きな胴体に長い首と尾をもつ恐竜〝竜脚類〟の化石です。ただ、新型コロナウイルスの影響で一旦作業を中止し、帰国を余儀なくされました」（真鍋先生）

化石の発掘は、各国が地層調査を行って作った地質図を参考にして実施されます。恐竜の化石が多く発掘されることで有名なモンゴルのゴビ砂漠は、現在露出している広大な砂漠の大部分が白亜紀の地層です。

約6600万年前の隕石衝突を示す地層の展示。

骨格の復元から 脳の特徴もわかる

残念ながら今回のパタゴニア調査では化石を持ち帰ることはできませんでした。しかし、通常は化石を博物館や研究室に持ち帰り、クリーニングや分析を行いながら研究を進めていきます。

クリーニングとは、化石の周りの岩石を、タガネや歯科用ドリルなどを使って取り除いていく作業のことです。

クリーニングに使う道具。

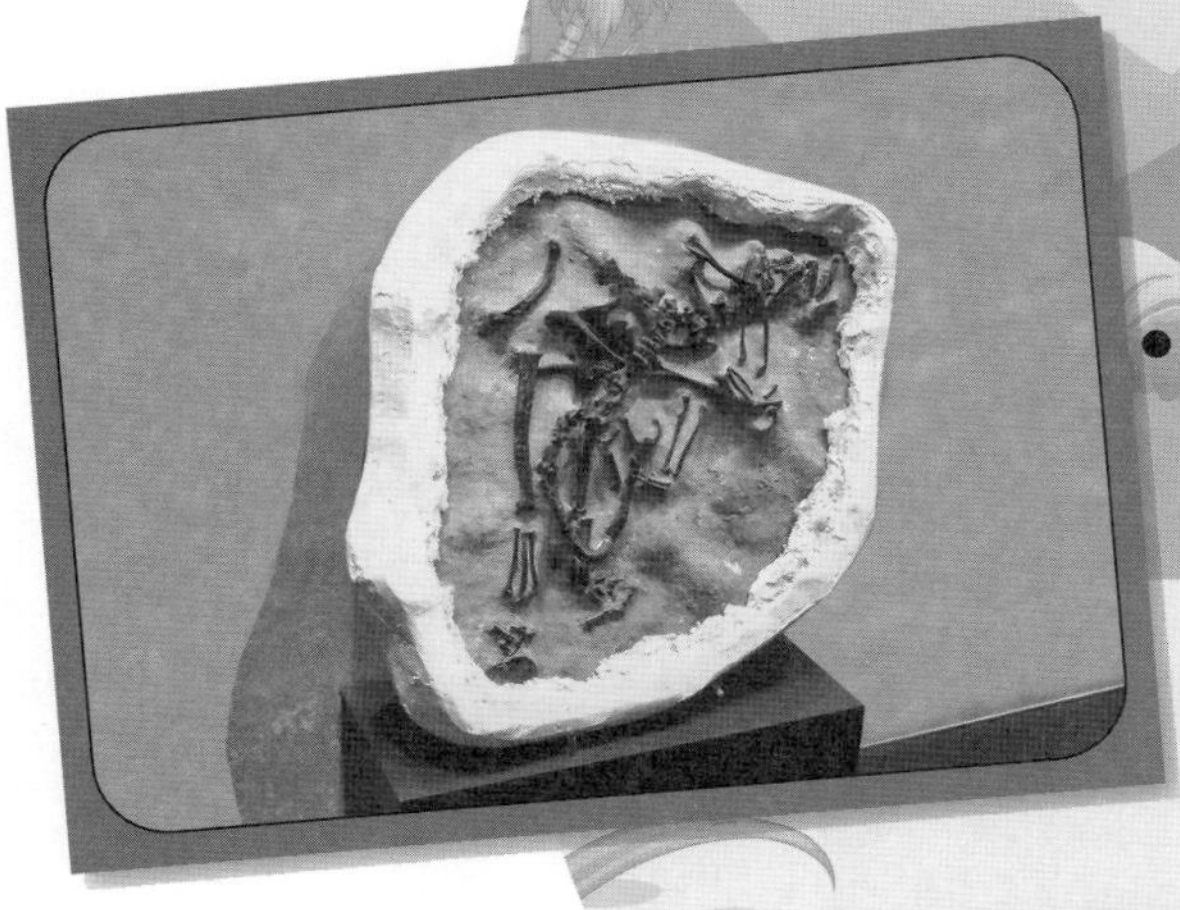

バンビラプトル

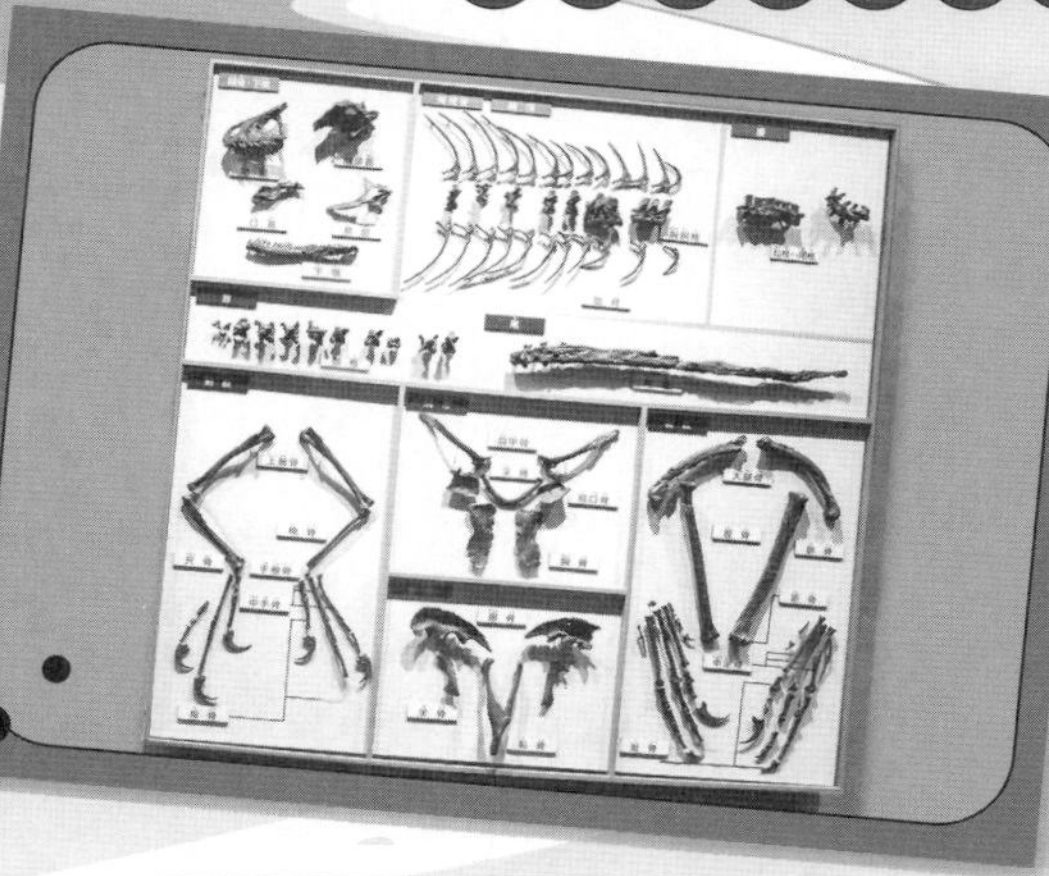

いくつものパーツに分かれている化石を、1つひとつ組みあわせて、全身骨格を完成させます。

見つかった化石を1つひとつクリーニングし、その後、すでに見つかっている化石を参考にしながら、その化石がどの恐竜のものか、どのように骨と骨が組みあわされるのかを分析していきます。

「頭蓋骨をCTスキャンも使って、脳が入っていた空洞の形を復元することで、脳の大きさや形が推定できます。例えば当館に展示されているバンビラプトルという恐竜の頭蓋骨からは、その形によって脳のなかでも視覚を司る部分が発達していたことがわかっています。通常爬虫類は嗅覚が発達しているので、これも恐竜ならではの特徴です。鳥類の脳に近い形なので、恐竜が鳥に進化したことを示す証拠の1つです」（真鍋先生）

研究者に求められる諦めない姿勢

顕微鏡で観察することは、研究を進めるにあたりとても有効ですが、そのためには、貴重な化石を切らなければなりません。一方、CTスキャンは、コンピューターとX線を使い、切らずに断面画像を見ることができるのが利点で、恐竜展示室にも1台設置されています。

では、顕微鏡などでどのようなことを観察できるのでしょうか。

恐竜展示室のCTスキャン室。

例えば、ステゴサウルスの場合は、背中にある骨の「板」や尻尾の先にある「棘（スパイク）」に、木の年輪のような模様が見えることがあるそうです。この模様から、年齢を推定することができます。

「教え子にこの研究をした学生がいましたが、初めのうちは、板とスパイク、それぞれから推定する年齢に差があることで研究が進まず悩んでいました。推定年齢が異なる理由として考えられたのは、板とスパイクは、いっしょに見つかっただけで違う個体のものであるということです。そうすると、その研究を続けても意味がないと考えられましたが、彼は諦めず、どの化石でも同じ結果が出ることを突き止めました。そこからスパイクは少し大人になってから生えてくるので、板の推定年齢とは一致しないのだという仮説を導き出したんです。

研究者には、このような粘り強い姿勢が求められます。すぐにわかることは、大発見にはつながりません。しかし同時に、自分の考えがひとりよがりではないか、間違った方向に進んでいないかと、客観視することも大切なので、そこが難しいところですね」（真鍋先生）

歯と叉骨から見るティラノサウルス

長年、恐竜の化石を研究してきた真鍋先生。研究を始めたきっかけを伺うと、「研究を始めたのは、大学4年のときです。私は教員をめざして教育学部で学んでいました。動機は不純で、高校時代の地理と地学の恩師が、長期休暇のたびに様々な場所でフィールドワークを行っていたので、自分も同じように旅に出たいと思ったんです（笑）。

結局地学を専攻して、カナダの大学にも留学しながらプランクトンの化石について研究していました。帰国したのが、ちょうど日本で恐竜の化石が見つかり始めたころです。そこで大学の先生に誘われて、いまの道に進みました。骨の形や大きさから、骨格の動かし方や生態などまでわかったりするところに興味を持ちました」と話されます。

では、これまでの研究でとくに印象に残っている発見とはどのようなものか聞いてみると、ティラノサウルスの名前があがりました。

以前、一般の方が真鍋先生のもとに、1本の歯の化石を持ってきたそうです。

ティラノサウルスの上顎の前歯は、ほかの歯とは異なり、小さく短く、その断面がD字型をしているという特徴があります。その化石はまさにそのような形をしていました。少し小さかったため、一見すると子どものティラノサウルスのものかと思われましたが、そんな単純な話ではなさそうでした。なぜならその化石は、ティラノサウルス類が報告されていなかった約1億3000万年前の日本の地層で発見されたものだったからです。そのことから、北アメリカのティラノサウルスは、その6000万年以上前には、アジアにいた小型種だったらしいという仮説が生まれたそうです。いまでは、アジアにいたティラノサウルスの祖先は羽毛恐竜だったことが明らかになっています。

さらにティラノサウルスには、歯

ステゴサウルス

尾の先にあるスパイク。これで攻撃をしていたのかも。

背中に何枚もある骨の板。顕微鏡で拡大すると年輪のような模様が見えることがあります。

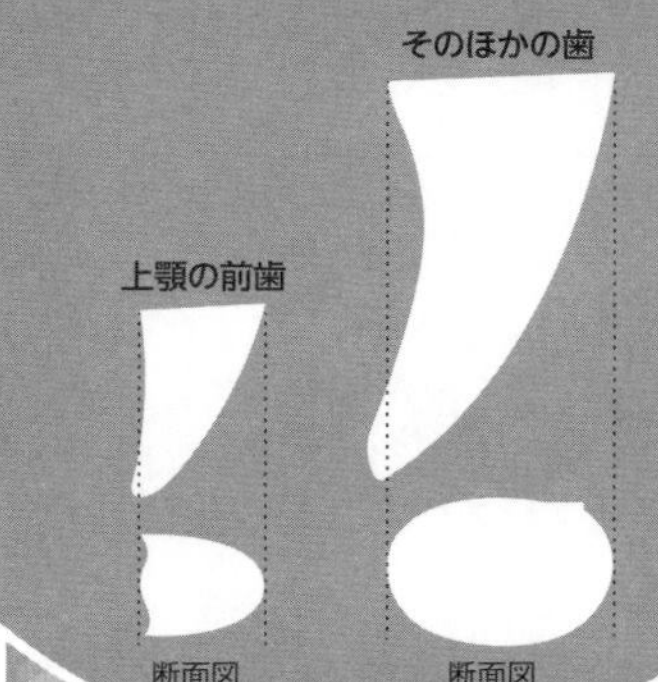
歯
上顎の前歯はほかの歯と違う形をしています。
国立科学博物館の展示パネルより作成

ティラノサウルス

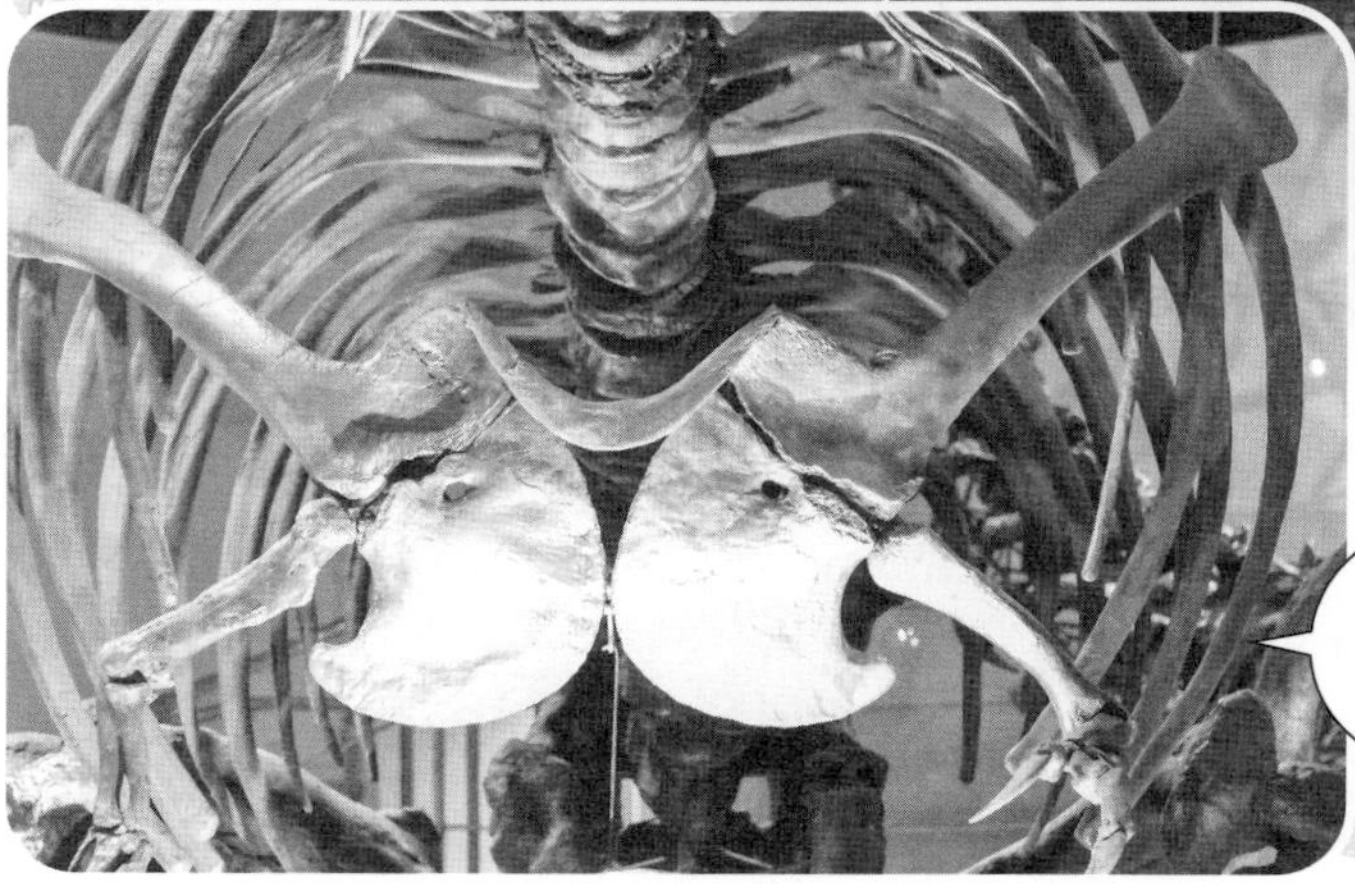

叉骨

人間でいう鎖骨部分。複数のティラノサウルスから、何度も疲労骨折をしたあとが見つかります。

以外にも興味深い特徴があり、それは人間でいう鎖骨部分に疲労骨折を繰り返したあとが見られること。その原因は長い間謎に包まれていましたが、ある大学のチームが原因を解明しました。立ち上がる際、いったん小さな前脚に体重をかけ、支えにして立ち上がっていたために叉《さ》骨に負担がかかっていたというのです。

　真鍋先生は「この疲労骨折の研究は、私のものではありませんが、１つの小さな化石からはるか以前に絶滅してしまった恐竜の動きがわかることにとてもワクワクしました。そこが、恐竜の研究の醍醐味だと感じます」と話されます。

ユニークな展示や貴重な化石も

　意外なきっかけで現在の研究を始めた真鍋先生。いまでは恐竜が大好きで、化石を通じて世界中の研究者とつながり、ともに発掘、研究を行えるのがとても楽しいといいます。

　そして研究のかたわら、一般の人に恐竜の魅力を伝えようと講演や「恐竜博２０１９　THE DINOSAUR EXPO」といった特別展の監修も行っています。

　国立科学博物館の恐竜展示室にもその思いが込められており、例えば、

真鍋先生の提案で特殊な展示方法をとられている恐竜がいます。それはデイノニクスです。

デイノニクスは、後ろ足に大きな鉤爪を持つ恐竜です。それをめだたせるために、床に立たせるのではなく、浮かせた状態で展示し、クルクルと回転させることで色々な角度から見られるようになっています。デイノニクスは、とても賢く、おそらく群れを作って鉤爪を武器に跳び蹴りなどをしてほかの動物を襲っていたと考えられています。そのイメージが膨らむ展示方法です。

また、トリケラトプスの実物の骨格化石も見ることができます。トリケラトプスは頭が大きいので、その重さから、死ぬと頭だけがはずれてしまうようで、化石は頭だけだったり、胴体だけのものが多いそうです。そのため、頭と胴体がつながって発見されるのは珍しいのですが、恐竜展示室に展示されているものは、つながった状態で発見されたものです。

ユニークな展示や、貴重な化石がある国立科学博物館の恐竜展示室。ただ楽しむだけでなく、来場者が自分なりの疑問や興味のあることを見つけられるような展示が心がけられています。

最後に真鍋先生は「将来、恐竜の化石を研究したいと考えている人のなかには、『自分が大人になるころには、もう研究することがないんじゃないか』と心配している人がいます。しかし、研究技術はどんどん進歩しているので、以前に発掘された化石から新事実が判明することも珍しくありません。まだまだ研究することはたくさんあるので、安心してくださいね。

また、将来の夢が見つかっていない人も焦らないでください。まずは色々なことに挑戦しましょう。そのなかからやりたいことが見つかるかもしれません。経験は人生の財産になりますよ」と話されました。

デイノニクス

身体に対して非常に大きな鉤爪を持つデイノニクス。長い尻尾と鉤爪が印象的です。

トリケラトプス

頭に3つの角を持つトリケラトプスの化石。つながって見つかった貴重なものです。

「恐竜の研究に国境はありません。恐竜を通じて、海外の研究者とも仲良くなれます。新しいことを発見できたときは、研究者になってよかったと心の底から思います」

国立科学博物館

所在地：東京都台東区上野公園7-20
ＴＥＬ：03-5777-8600
アクセス：JR 山手線ほか「上野駅」徒歩５分、地下鉄銀座線・日比谷線「上野駅」、京成線「京成上野駅」徒歩10分
ＵＲＬ：https://www.kahaku.go.jp/
開館時間：入館予約制（6月 24 日現在）

東大入試突破への現代文の習慣

東大入試を突破するためには特別な学習が必要？　そんなことはありません。身近な言葉を正しく理解し、その言葉をきっかけに考えを深めていくことが大切です。田中先生が、少しオトナの四字熟語・言い回しをわかりやすく解説します。

早稲田アカデミー教務企画顧問
田中としかね

東京大学文学部卒業
東京大学大学院人文科学研究科修士課程修了
専攻：教育社会学
著書に『中学入試 日本の歴史』『東大脳さんすうドリル』など多数。文京区議会議員として、文教委員長・議会運営委員長・建設委員長を歴任。

田中先生の「今月のひと言」

自分のスタイルに合った生活様式を実践することが大切なのです。

今月のオトナの四字熟語

臨機応変

まだまだ先行きの見通せない、落ち着かない日々が続きます。覚えていますか？　学校が最初にお休みになった日を。3月2日でしたよね。もう4か月も前の話になりますが、新型コロナウイルスの感染拡大の可能性があった初期段階でした。その後は春休みに入りましたが、4月7日に政府が緊急事態宣言を発令し、4月16日には全都道府県が緊急事態措置の対象となったことによって、ほとんどの学校は引き続き5月末までお休みとなりました。新規感染者数のピークが過ぎたことで緊急事態宣言は解除されましたが、感染状況を踏まえながら徐々に活動を再開させることになり、学校も分散登校や時差通学、短縮授業などによって段階的にスタートとなりました。それでも新型コロナウイルス感染症については、まだまだ不明な点も多く、なにより有効性が確認されたワクチンが存在しません。ですから、この新たな感染症とともに過ごしていかなければならない状況は、長期化することも想定しなくてはなりません。皆さんにとっては、感染及びその拡大のリスクを可能な限り低減させながらも、学習はこれまでと同じように進めていかなければならないことになります。

「新型コロナウイルス感染症については今後の長期戦を見据え、状況の変化に応じて臨機応変にかつ時期を逸する

ことなく対応することが必要でありま す」というのが政府の見解になります。

今月の四字熟語が登場しました。「臨機応変」です。てっきりすでに取り上げたことのある四字熟語だと思っていたのですが、まだでした（笑）。

「臨機応変」は故事成語になります。ですから出典があります。『南史』という中国の歴史書です。梁《りょう》という国に蕭《しょう》明《めい》という司令官がいました。この蕭明、戦いの準備は完了したのに、なかなか動こうとしません。こちらから戦いを仕掛けなかったのです。疑問に思った部下たちが、あれこれと敵を攻める方法を提案してきます。どうして戦いを仕掛けないのですかと。そこで司令官蕭明が語ったのが「臨機応変」という言葉だったのです。「自分は状況をしっかり見て柔軟に対応する。そして相手を制圧する。だからお前たちはだまっていろ！」と。相手の出方によって対応が変わるということが重要だったのですね。

「臨機応変」を書き下し文にすると「機に臨んで変に応ず」となります。「臨機」というのは「機に臨む」ということ。「機」は機会や契機、チャンスという意味でもありますが、出来事や状況とイメージした方がわかりやすいでしょう。「臨む」というのは場面や事態に直面すること。つまり何らかの出来事に遭遇することが「臨機」の意味になります。「応変」は「変に応じる」ということ。「変」は変化ということで、状況や事情が変わるという意味になります。「応じる」というのは、適切に対応するということ。つまり状況に変化があればその都度対応についても変えていくことを表しています。臨機応変とは、その場そのとき、その状況に応じて適切な対処をするという意味になるのですね。

新型コロナウイルスを想定した「新しい生活様式」が求められる現在、「これまで通り」が通用しなくなっています。型通りの処置にとらわれず、時と場合に応じて適切な手段を講じることが求められるという、まさに「臨機応変」なのです。授業のあり方も、変わらざるをえません。ケースバイケースで柔軟に対応することが求められます。早稲田アカデミーではオンラインの「双方向Ｗｅｂ授業」をいち早く導入し、新しい生活様式における授業のあり方を提案してきました。これまで通りの「対面授業」も再開されましたが、当面は「双方向Ｗｅｂ授業」も継続して提供することになります。ご家庭のご要望に応じて、校舎での「対面授業」、オンライン「双方向Ｗｅｂ授業」のいずれかを選択して受講することができるのです。臨機応変にかつ時期を逸することなく対応していきますよ！

今月のオトナの言い回し

驥尾に付す

続いても故事成語です。「きびにふす」と読みます。出典は中国の歴史書『史記』。司馬遷によって編纂《へんさん》されたことも覚えておきましょう。「驥」という漢字

が難しいですよね。駿《しゅん》馬《め》という、一日で千里もの距離を走ることのできる優れた馬のことです。その駿馬の尻尾に付いていく、というのが「驥尾に付す」の直接的な意味になります。一体何が付いていたのでしょうか？　答えはハエになります。ほんの少しの距離しか飛べないハエであっても、駿馬の尻尾にとまっていれば千里の距離を移動できることから、「優れた人に従っていけば、何かはなしとげられる」という意味で使われるのです。多くの場合、後輩が先輩を見習って行動することを、へりくだった気持ちでいう言葉になります。この故事成語を耳にすると、思い出す日本の古典があります。「すこしの事にも、先達《せんだち》はあらまほしきことなり」という『徒然草』の一文です。鎌倉時代に吉田兼好によって著された随筆ですよ。

　こんなエピソードになります。あるお坊さんが、年をとるまで石清水《いわしみず》八幡宮という有名なお寺に参拝したことがなかったので、思い立って一人で参拝してみることにしました。石清水八幡宮は山の上にあるのですが、そのお坊さんはふもとのお寺に参拝して、これが石清水八幡宮だと勘違いして帰ってきてしまったのです。戻ってから同僚のお坊さんに「長年の念願をついに果たしましたよ。うわさ以上に尊いものでした。でも参拝していた人がみんな山に登っていたのは何だったのでしょうかね？　気になったのですが、お参りすることが目的でしたので、山には登りませんでした」と話したのだそうです。みんな山の上の八幡宮に参拝していたんだよ！　というオチになるのですが、この話の締めくくりが先ほどの「先達はあらまほしき」になるのです。

　「先達」は現在の日本語では「せんだつ」と読みます。辞書を引いてみてくださいね。どんなささいなことでも先輩や案内人があってほしいものだ、ということです。このお坊さんも、案内人がいれば、また行く前に実際に参拝した人から話を聞いていれば、こんな勘違いはせずに済んだわけですよね。

　最近私は、この歳になって、生まれて初めての経験をしました。いわゆる「ぎっくり腰」というヤツです。起き上がれないほどの痛みを覚えました。病院に行っても原因ははっきりしません。「疲労が蓄積したんでしょう」との話です。なんとか仕事に向かいましたが、歩くこともままならない状況が続くのかと思うと不安でなりませんでした。そんなときに先輩の先生から「大丈夫、必ず痛みはなくなる」と力強い言葉をかけられました。経験者の言葉は本当に貴重です。確かに痛みのピークは過ぎ去り、落ち着いていきました。

　さて皆さんにとって「先輩」はどういった存在でしょうか？　部活動だと「怖い」「偉そう」といったネガティブな反応が返ってくるのかもしれませんね。でも、1年でも2年でも長く経験を積んでいるということは、重要なことなのです。「大丈夫、それでいい」「心配ない」といったアドバイスは、経験からしか導かれませんからね。皆さんも、困ったことがあったら先輩に助言を求めてみましょう。また先輩だけではなく、先生でも家族であっても、皆さんにとっては「先達」にあたりますよ。あるいは同い年の友達であっても、何かの経験に関しては「先達」かもしれませんからね。実際に経験したことのある人からのアドバイスというのは本当に貴重だということを、私も身をもって知りました。皆さんもぜひ、周りの人はみんな自分の「先達」だという姿勢で、驥尾に付してみてくださいね。

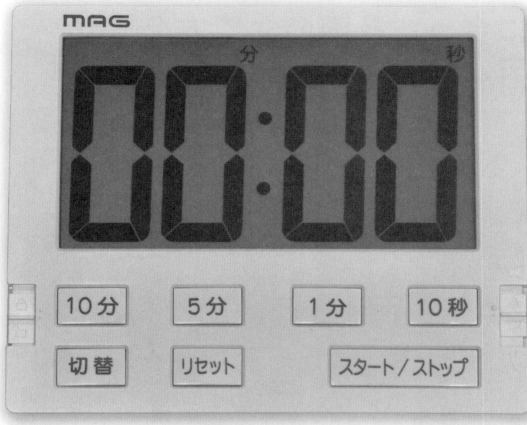

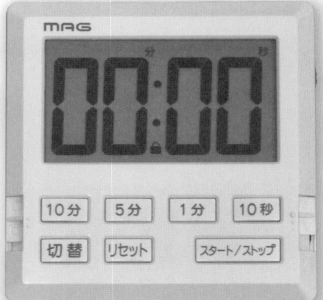

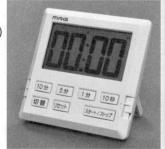

自分に合った計画の立て方を探り いまより効率よく勉強しよう

新型コロナウイルスの影響で、例年とは異なる幕開けとなった新学期。東大も4月から講義はすべてオンラインで行っています。所属する都市工学科都市計画コースでも「東京の色々な街をみんなで歩いて見学する」という春の恒例行事ができなくなり、その代わりにGoogleのストリートビューを使って先生と学生がオンラインで「バーチャル街歩き」をしました。

実際に街を見ないとわからないことも多く苦労しましたが、反対に、時間に関係なくいつでも街を見ることができたのはよかったです。自由にお出かけできるようになったら、街歩きを存分に楽しみたいと思います。

さて、みなさんは自粛期間中、しなくてはいけないことはあるけれど、気づいたら夕方になってしまっていた…なんてことはありませんでしたか？　それってかなり時間がもったいないですよね。そこで今回は、私が受験生のときに考えた時間の使い方、自分に合った計画の立て方についてお話しします。夏休み前の時期でもあるので、みなさんの参考になる点があったら嬉しいです。

休憩時間を決めない 毎日することを決める

まず、私の計画の立て方で特徴的なのは、「1つの予定に対して少し長めに時間をとって、休憩は次の予定までの残り時間にとる」ことです。私の予定表には大体、休憩時間というものが書いてありません。いつ休憩をとるか決めてしまうと、内容よりも時間にとらわれてしまうからです。

予定した勉強は、決めた時間内にきっちり終わらせることを前提とします。ただ、時間を少し長めに設定しているため、集中して取り組めば取り組むほど、あまった時間を休憩時間に使えるというわけです。早く休憩をとるために、より集中して机に向かうようになるので、だらだらと勉強することもなくなります。

そして2つ目は、「毎日することを決める」ことです。例えば、「お昼ご飯の後、13時から単語帳を10ページ進める」「朝7時から体操を30分する」など、なんでもいいと思います。

1つのことを長時間しようとすると、途中で集中力が切れてしまうことが多く、結局あまり進まなかった…ということにもなりがちです。1日のなかに自分で区切りをつければ、たとえ1日中家にいたとしても、生活リズムが整い、自然と、メリハリのある生活を送れるようになります。

ここまで私なりの計画の立て方をご紹介しましたがいかがでしたか？　相当気持ちを強く持たないと、1日を有効に使うのって難しいですよね。私も大学生になってからは受験生のころより誘惑が増えて、勉強時間をとるのに苦労しています。

今回お伝えした内容は、私が受

私の周りの東大生

通学時間も勉強時間
努力を惜しまず成長を続けるSさん

経済学部金融学科３年のＳさん

私の高校の同期で、とにかくバイタリティあふれる才女・Ｓさん。応援部でチアリーダーとして活動するとともに、昨春にはアメリカの大学で留学（６週間）を経験。そこで学んだデータサイエンスに強く興味を持ち、現在はプログラミングや情報学などを熱心に学んでいます。成長のためには努力を惜しまない性格で、効率よく物事をこなす力は東大生のなかでもピカイチなＳさんのスーパー人間っぷりをご紹介します。

応援部で熱心に活動するＳさん（手前）

高校・大学とも自宅から学校が遠く、通学時間は往復３時間かかるため、その間はスマホを触らず、つねに勉強しているというＳさん。自粛期間中通学しなくなると、この時間もなくなるため、自分の成長が止まってしまうのはまずいと、必ず毎日６時に起きて勉強していたそうです。そして計画を立てる際は、どの時間帯になにをするのが最も効率いいかを考え、ずっと同じことはしないと意識しているとも語っていました。好奇心旺盛でしたいことが多い分、計画を綿密に立てて空いている時間をつねに把握しているので、このインタビューも日程を確認してから本当に素早く受けてくれました。

息抜きさえも知識を吸収する機会に

中学・高校時代から部活動（運動部）がある日とない日でメリハリをつけて勉強していたというＳさん。いまも高校時代の予備校の先生の「時間を支配することが大切」「丁寧さと要領のよさを両立する」という言葉を意識して過ごしているといい、私から見ても彼女はまさにこれらの言葉を体現しているなと感じます。

そんなＳさんの最近の息抜きは色々な年代、ジャンルのファッション誌を読むこと。読み比べると、それぞれどんな層を対象にしているかが見えてきて楽しいと話す彼女にとっては、雑誌も教材になってしまうのかと驚きました。今後は、いま勉強しているデータ分析の知識を活かして、新しいことにチャレンジしていきたいと語るＳさん。女性がまだ活躍していないようなフィールドでも、自分の興味を持ったことに挑戦したいと話す彼女の活躍が楽しみです。同じ東大女子として、自分も頑張らないといけないなという気持ちになりました。

はろくま
東大理科一類から工学部都市工学科都市計画コースへ進学した東大女子。趣味はピアノ演奏とラジオの深夜放送を聴くこと。

験生時代に実際に試しながら身につけていった方法なので、慣れていない人は計画を立てること自体が面倒に感じるかもしれません。でも、１日の終わりには大きな達成感が得られるので、まだしたことがない人も、まずは1日だけでも挑戦してみてほしいです。

計画を立てることは、きっと高校生、大学生、そして社会人になっても必ず役に立つことだと思うので、中学生のうちに身につけておいて損はありません。この夏休みで、いっしょにステップアップしましょう！

キャンパスデイズ 十人十色

東京藝術大学

音楽学部器楽科　3年生

中村《なかむら》　淳《じゅん》さん

中高大とそれぞれ受験して音楽の道へ 様々なステージで演奏して腕を磨く

Q 東京藝術大学ではなにを学んでいますか。

東京藝術大学（以下、藝大）は音楽学部と美術学部に分かれており、音楽学部のなかでも楽器を演奏する器楽科でフルートを専攻しています。ほかにも、音声作品の制作や音響について学ぶ音楽環境創造科、音楽の歴史や理論について研究する楽理科などがあります。

履修科目は実技が6割程度を占めており、個人レッスンだけでなく、オーケストラや吹奏楽などで、ほかの楽器といっしょに演奏する機会も多いです。加えて、語学や音楽史なども必修科目です。カリキュラム自体はかなり自由度が高く、必修科目以外は後述のように自分で興味のある分野や時代を選択できます。

1年生では日本人作曲家の作品に多く触れ、とくに現代音楽についてたくさん学びました。2年生では一転してイギリスのルネサンス期（15〜16世紀）からバロック期（16世紀末）を中心に履修しており、将来の夢に合わせて学ぶ内容を取捨選択できるのがこの大学の魅力の1つです。

お客さんからの反応が進路選択の大きな理由に

Q 藝大をめざしたきっかけを教えてください。

母がピアノの先生なので、幼少期から家でピアノを触ったりして音楽に親しんでいました。音楽の道に進む予定はなかったので中高一貫校に進学したのですが、オーケストラ部に入ってコンクールで入賞したことで、本格的に音楽を学びたいと考えるようになりました。

それから改めて音楽科のある高校を受験して入学し、藝大で学ぶ兄の影響もあり現在の進路を選びました。中高一貫校からほかの高校に転じる

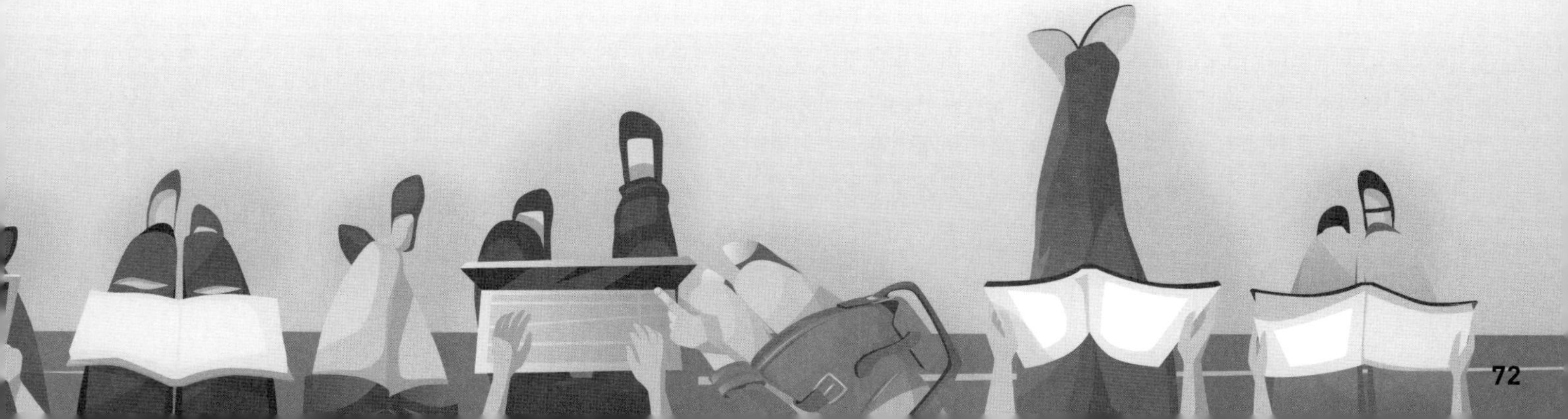

ことについては、両親や先生から反対されることもありました。
　しかし、老人ホームでの演奏やホテルなどでの個人コンサートを通して、目の前のお客さんから拍手をもらえることに強い魅力を感じたので、話しあいを重ねて説得し、受験に臨みました。
　今後は大学院への進学をめざして幅広く学び、プロのオーケストラ団体や吹奏楽団に所属するために研鑽を積んでいきたいと思います。

Q 特色ある講義はありますか？

　1年生から3年生までずっと履修している「即興創造講座」という講義では、そのとき集まった学生が専攻している楽器をその場で組みあわせて、即興での演奏を行います。それぞれが持っているアイディアを出しあいながら、お互いを活かす演奏をすることが求められる講義です。
　藝大では履修登録をせずに聴講できる講義が多く、回によって様々な楽器が集まるので、例えば尺八とドラムなど普段はあまり見たことがない組みあわせの演奏を聞くと、新たな発見を得られます。
　また、2年生以上が履修できるオーケストラの講義は、1人でも欠けると演奏が成り立たなくなるので、基本的に欠席することができません。楽譜を忘れてはいけない、1分でも遅刻してはいけないなど、当たり前ながら大切なことを学ぶ職業訓練的な意味合いも含む講義で、厳しいと感じることもありますが、身につくことも多いです。

Q 課外活動はしていますか？

　バッハカンタータクラブというサークルに所属しており、年1回ある定期演奏会や学園祭でのステージに向けて練習しています。カンタータというのは、キリスト教の福音書（キリストの教えや生涯についての記録）をもとに作られた宗教曲のことで、とくにバッハが作曲したものを演奏しています。合唱も含めて約70人が参加しており、学生同士で意見を出しあいながら練習を進めています。
　また、昨年からは少しずつアウトプットをしようと個人レッスンを始めました。自宅に生徒さんを呼んだり、ときには出張レッスンを行い、フルートを教えています。それ以外にもエキストラとしてコンサートに出演したり、結婚式場で挙式中の演奏を担当したりと、自分の勉強にもなるアルバイトを積極的にするようにしています。

Q 読者にメッセージをお願いします。

　中高生のうちは、色々なことに興味を持って、幅広く学んでほしいです。自分の興味の種をたくさん発芽させておくと、それだけ将来の選択肢も広がりますよ。

TOPICS

演奏はつねに一発勝負
音楽を学ぶ難しさ

　実技科目では、試験の時期が近づくと日程や制限時間、編成の指示が掲示されます。例えば、「○日に1人8分以内で、ピアノとの2重奏までとする」のような形です。そこから自分で曲を選び、練習を重ねて本番に挑みます。
　ほかの大学で一般的に行われている筆記試験と大きく異なるのは、一発勝負で吹き直しができないことだと思います。なかにはコンサートの出演権をかけたオーディションを兼ねる試験もあり、どうやって自分の演奏や緊張をコントロールするかという部分もかなり重要です。
　こうしたプレッシャーに打ち勝つための調整は、音楽を学ぶうえで難しい部分の1つといえるかもしれません。

高2の冬、市のプロジェクトでフランスへ行き、現地の団体といっしょにコンサートで演奏。言葉が通じなくても音楽でコミュニケーションがとれると実感しました

1年生のときに参加した学園祭の様子。毎年、美術学部と音楽学部が協力してお神輿《みこし》を作り、上野公園を練り歩きます

バッハカンタータクラブの定期演奏会に出演。藝大には音楽系以外にもバレーやラグビーなど様々なサークルがあります

早稲田アカデミー
大学受験部のご紹介

学びのシステム

「わからない」をつくらない復習型授業

早稲田アカデミーの授業に予習は必要ありません。なぜなら、新しい単元は講師が丁寧な「導入」を行い、生徒が理解したことを確認して「問題演習」に入るからです。もちろん、演習の後はしっかり解説。その日の学習内容を振り返ります。また、毎回の授業で「確認テスト」を実施し、前回授業の定着度を測ります。さらに、月1回の「月例テスト」、3か月に1回の「必修テスト」で、中長期的な学力の伸びも確認できます。理解を確かめながら"スモールステップ"で学習を進めるので、無理なく力を伸ばすことができるのです。弱点が見つかった場合は、必要に応じて講師が個別に学習指導。「わからない」を後に残しません。

予習不要
講師による丁寧な「導入」で理解を深め、「問題演習」へ進みます。

↓

担当講師による課題チェック
家庭学習や課題の取り組み状況も確認します。

↓

毎回の授業で行う確認テスト
確認テストで前回までの授業内容の理解度・定着度を測ります。

↓

弱点を克服するための指導
テストなどの状況によっては個別の課題を課し、弱点を克服します。

ハイレベルな仲間と切磋琢磨できる環境がある。
だから、君の力が大きく伸びる。

多くの難関校のトップを魅了する授業がある！

例えば…
都立日比谷・武蔵・都立国立
お茶の水女子高の
学年 No.1※が在籍

※2018・2019年各校実施の校内テストなどにおいて

日本最高水準の仲間と競い合える環境がある！

例えば…
高1最上位※クラス
約92%が
筑駒・開成・日比谷高生

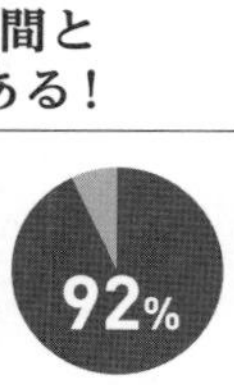

※早稲田アカデミー大学受験部　御茶ノ水校　数学Tα1クラス（2019年度）

将来、世界を変えるかもしれないライバルがいる！

例えば…
第13回 国際地学オリンピック 金メダル受賞！
第60回 国際数学オリンピック 銀メダル受賞！
第50回 国際物理オリンピック 銀メダル受賞！

早稲田アカデミー大学受験部の詳細については……

お電話で カスタマーセンター 0120-97-3737
（平日 10:00〜20:00／土曜 10:00〜18:30）

スマホ・パソコンで 早稲田アカデミー 検索

早稲アカ 大学受験部 Webサイト

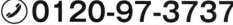

講師、環境、そして競い合える仲間が
君を本気に変える

早稲アカ大学受験部

少人数だから生まれる〝仲間意識〟

早稲田アカデミーの授業は、講師と生徒の対話で進められます。講師が発するのは、「答え」を急がせる発問ではなく、思考を深めるきっかけとなる問い掛け。講師とのやりとりを重ねていくうちに、生徒は自然と考えることに熱中していきます。1クラスの人数は平均15名。少人数だから、講師は生徒の顔や名前、志望校をきちんと把握したうえで授業を展開します。また、講師と生徒だけでなく、生徒同士が意識し合えるのも少人数制クラスの特長。名前だけでなく、互いの発言を通して得意分野や考え方がわかっているからこそ、授業以外でも、教え合い、学び合い、共に高め合うことができるのです。一緒に考え、刺激し合いながら切磋琢磨する仲間は、大学受験を最後までやり通す支えともなります。

講師と生徒がつくる"ライブ"授業

×××について
どう考えますか。
私は○○○○
だと考えます。
そういう考え方
もあるのか！
なるほど！

平均15名 少人数制クラス

適度な緊張感	個別指導では得られない気付き	講師の目が行き届く少人数設定

難関大へ高い進学率 2020年実績

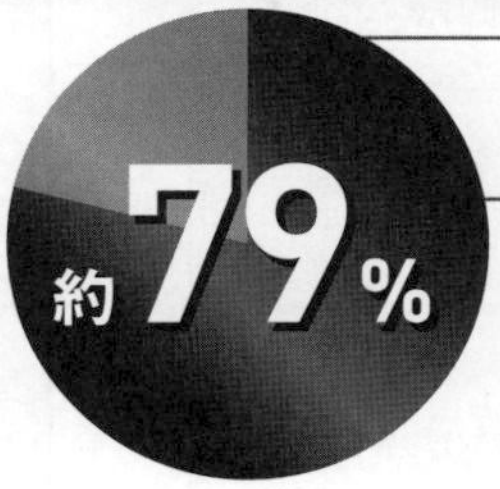
約79%

東大進学率

東大必勝コース文系に継続して在籍した生徒（5月～2月まで継続した生徒）の東大進学率

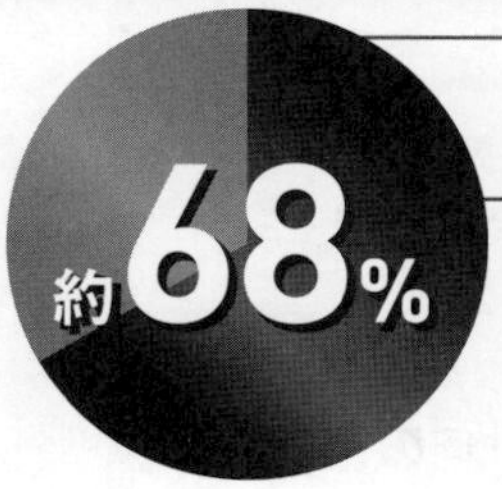
約68%

早慶上智大進学率

早慶大必勝コース文系1組に継続して在籍した生徒（5月～1月まで継続した生徒）の早慶上智大進学率

知っている人は、選んでいる。

早稲田アカデミー 大学受験部

新刊案内　受験生を持つ親に贈る グローバル教育出版の本

子育てのベテランがつづった

●淡路雅夫 著

A5判　256ページ
並製　ソフトカバー
定価:本体2,000円＋税
ISBN978-4-86512-118-6

お父さん　お母さん 気づいていますか？

子どものこころ

娘の気持ち 息子のホンネ 気づいていますか

進学校の教員、校長として、いつも中高生のそばにいた著者が「子育てに流《は》行《や》りはない」という持論を幹に、ご父母に語りかけます。「これからの社会は、ますます子育てに正解のない時代になります。親は、子どもに寄り添いながら、自分の生き方も考えていかなければならない時代です。社会の一員として、新しい時代にふさわしい子どもの学力や社会的人材を育成する意識を持って、子どもを育ててほしいと願っています」……………………淡路雅夫

淡路 雅夫（あわじ　まさお）淡路子育て支援教育研究所主宰。國學院大学・同大学院修了。私立浅野中学・高等学校（神奈川県）の校長歴任後、大学で教員志望学生への教職アドバイザーを務める。講演、執筆活動を通して私学支援を行う。専門分野は子どもの教育・福祉を中心とした家族・親子問題。著書に『児童福祉概論』（八千代出版）、『人に育てられて生きる』（社会評論社）、『お母さんにはわからない思春期の男の子の育て方』（中経出版）、『先生! 子どもが元気に育っていますか?』（弊社）その他。

※第８章では、本書の半分のページを割いて、親が具体的に直面する、身近な課題、疑問など約30の問題について取り上げ、著者が「Q＆A方式」で答えます。あなたへの答えが、きっとここにあります。

ご注文ダイヤル ☎03-3253-5944　インターネットでの注文も承っております。http://www.g-ap.com/　**グローバル教育出版**

ちょっと得する

読むサプリメント

ここからは、勉強に疲れた脳に、ちょっとひと休みしてもらうサプリメントのページだ。
だから、勉強の合間にリラックスして読んでほしい。
でも、このページの内容が頭の片隅に残っていれば、もしかすると時事問題や、
数学・理科の考え方で、ヒントになるかもしれないけどね。

耳より ツブより 情報とどきたて

非接触型検温器

活躍する非接触型検温器

コロナ禍の日常で、いまでは当たり前になってしまったのが、人のおでこに近づけて体温を読み取る検温器です。直接身体に触れない非接触型検温器は、感染の予防にもなり瞬時に計測できるのであっという間に普及しました。では、身体に触れずに体温を検知できるこの装置、仕組みはどうなっているのでしょう。

じつは赤外線が利用されています。「えっ、検温器から赤外線を放出して体温を測っているの？、危なくない？」、いいえ、そうではありません。赤外線を出しているのは人の側です。そう、人がつねに放射している赤外線を測っているのです。

赤外線は可視光線より波長が長くなっていて肉眼では見ることはできませんが、すべてのモノは赤外線を放射しています。アイロンが高熱のとき、手を近づけると触れてはいないのに熱さを感じさせるのが赤外線です。

モノは、自らの温度が高くなればなるほど強い赤外線を放出しています。

非接触型検温器は人の皮膚から放射される赤外線の量を測り、内部の小さなコンピューターで換算し、体温を導き出します。小さいけれど賢い非接触型検温器、まだまだ活躍は続きます。

The most Advanced Sciences Navigation 008

マナビー先生の

最先端科学ナビ

FILE No.008

超小型衛星

山椒は小粒でもぴりりと辛い 小さいけれども立派な仕事

宇宙開発プロジェクトというものは、何百億円もの予算を組む国家的な仕事だ。例えば人工衛星を打ち上げる場合、その人工衛星を作るのにもお金がかかるけれど、打ち上げること自体にも大変な費用が必要だ。

使われる装置や部品も、超低温から超高温までの環境で、安定して作動しなければならない。そういう品質管理にしたって、すごく多くの人がかかわってくる。

そこで今回は、少しでもお金を節約して宇宙の研究をする仕事を紹介したい。そうはいっても、これは将来の宇宙計画にはなくてはならない大事な調査研究プロジェクトなんだ。

東京大学と宇宙航空研究開発機構（以下、ＪＡＸＡ）が開発しているんだけど、その人工衛星の大きさは約30㎝。小さな小さな超小型衛星だ。

その超小型衛星2基を、アメリカが今年以降打ち上げを予定している新型ロケットSLSの打ち上げに便乗させてもらう計画なんだ。

だけど、そんな小さな衛星でどんなことができるんだろうか。

1つは「おもてなし」と名づけられた衛星だ。大きさは12㎝×24㎝×36㎝、重さはなんと14㎏。子どもでも持ち上げられる大きさ、重さだね。でも、こんなに小さいのに目標はすごいよ。月に着陸させようというんだ。

まるで月に衝突するような激しい着陸だけれど大丈夫

ＳＬＳロケットで打ち上げられたあと、「おもてなし」は月に衝突する軌道に入るんだけど、それまでにも放射線の状況を計測したりしながら月に近づいていく。月への衝突軌道に乗ったあと、最終的には着陸直前に固体ロケットモーターに点火する。14㎏の衛星本体に搭載されている1㎏ほどの着陸機（表面プローブ）をここで分離して放つ。

表面プローブは固体ロケットモーターを逆噴射させて月との相対速度をほぼゼロにする。相対速度とは宇宙空間を月もロケットも動いているから、そう呼ぶ。月は地球の周りを回り、地球は太陽の周りを回って動いているんだ。

でも、最終的には月の重力に引き寄せられて月面に到達する。そのときの速度は秒速30ｍ。時速に直すと１００㎞。これじゃあ、着陸というより衝突だね。

壊れてしまわないか心配だけど、表面プローブの本体はクラッシャーブルという素材からできていて衝撃でつぶれることで衝撃エネルギーを吸収する。エアバッグも膨らませる。ロケットモーター自体も自動車のバンパーのように衝撃吸収部品として利用するんだ。無事に着陸でき

マナビー先生

大学を卒業後、海外で研究者として働いていたが、和食が恋しくなり帰国。しかし科学に関する本を読んでいると食事をすることすら忘れてしまうという、自他ともに認める“科学オタク”。

30cmの小さな探査機2基が月に着陸したり周囲を調査

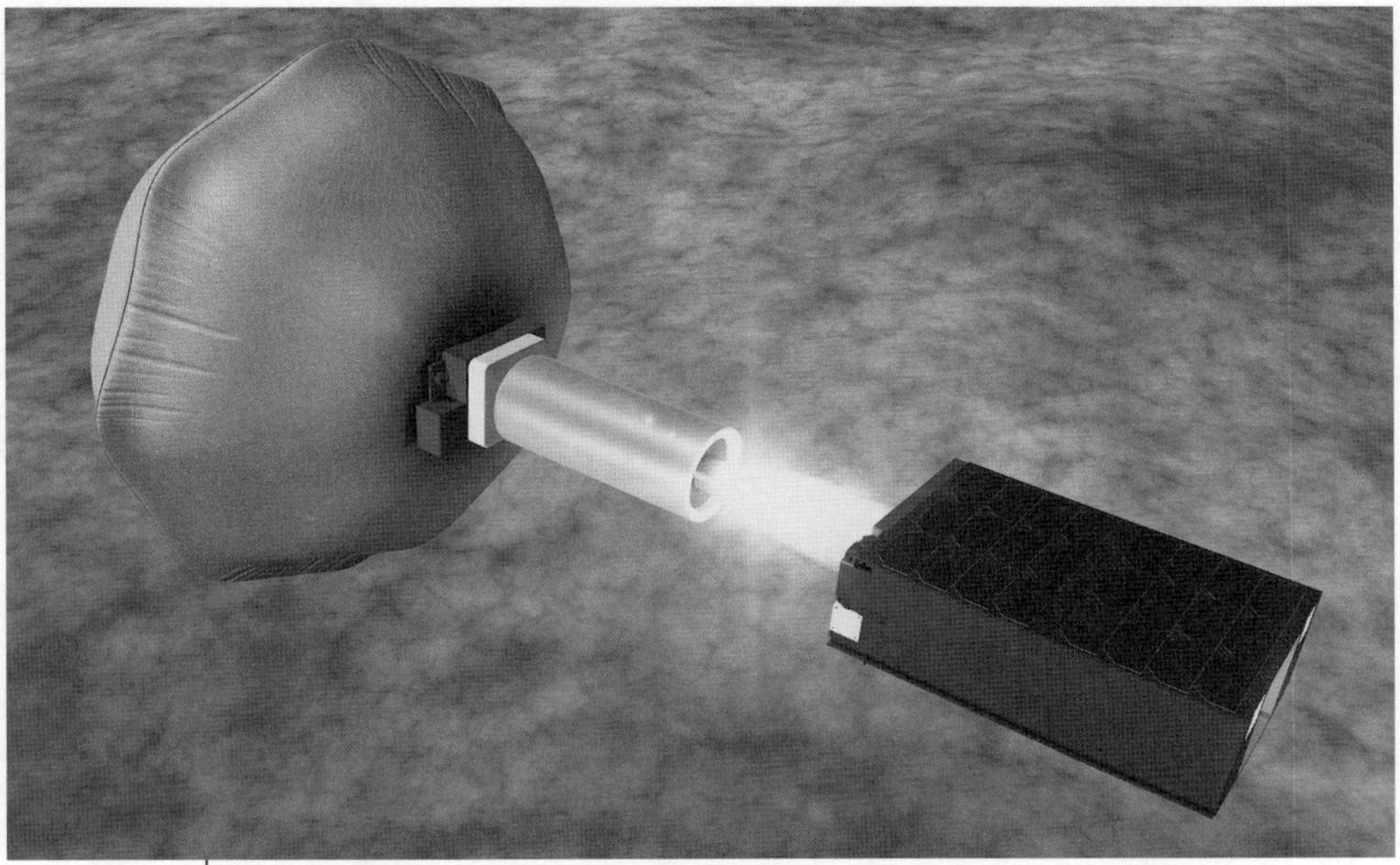

超小型の探査機「おもてなし」が個体ロケットモーターを噴射して着陸機（左の部分）が切り離された瞬間の想像図 ©JAXA

るだろうか。うまくいけば着陸までの状況を記録した加速度データを地球に送ることになっている。

本体に準じてバッテリーも小さいので月表面での稼働時間はせいぜい2〜3時間だそうだ。

月の重力を利用し機体を制御 宇宙の重要地点を探し出す

そして、ほぼ同じ大きさのもう1基の衛星は「EQUULEUS」（エクレウス）と名づけられている。こちらは軌道制御や宇宙飛行技術の実証をめざした衛星だ。

地球と月の重力が平衡する地点が月の軌道上にある。

この地点をラグランジュ点と言うよ。その地点は将来の宇宙航行にとって重要な点とされている。エクレウスは、月の重力を利用して効率的に自らの軌道を変えながら、月の裏側のラグランジュ点を探し出すことをめざしているんだ。

エクレウスはエンジンの噴射剤として水を使うのが新技術。水は月にもたくさんあるといわれていて、将来の深宇宙探査でも大いに利用可能な材料と思われているからだ。

水を水蒸気にするのにはたくさんのエネルギーが必要になるけれど、機体から出る熱をうまく使うなど効率化を図った構造になっている。

実験はそれだけではない。小物体が月表面に衝突する際の閃光を高速度に撮影しようというものだ。月の裏側では月の表面より小物体が月に衝突する回数が多く、繊細な閃光が地球表面からの反射光に影響されず計測できるという点を活かしたものだ。

エクレウスは宇宙の塵《ちり》を観測するセンサーも搭載している。宇宙には塵はどれほどあるのかという計測も、将来の宇宙探査にはなくてはならないものだからね。

実験がうまくいって、新しい情報がいっぱい得られるといいね。JAXAにはこのような超小型の衛星を断続的に打ち上げる計画がある。

超小型で安価な衛星なら、1基の能力が小さくても、それぞれが細かく計測したデータや分析を持ち寄れば、月や月の周り、地球を取り巻く環境についての情報を収集し続けることができるよね。

超小型の衛星でも将来の宇宙開発にとって必要な情報を集める大事な仕事をしてるんだ。

そうだったのか！

中学生のための経済学

山本謙三　オフィス金融経済イニシアティブ代表、1976年東京大学教養学部卒、前NTTデータ経営研究所取締役会長、元日本銀行理事。

「経済学」って聞くとみんなは、なにか堅～いお話が始まるように感じるかもしれないけれど、現代社会の仕組みを知るには、「経済」を見る目を持っておくことは欠かせない素養です。そこで、経済コラムニストの山本謙三さんに身近な「経済学」について、わかりやすくお話しいただくことにしました。今回は毎日お世話になっている「お金」についてのお話です。

ヤップ島（現・ミクロネシア）で使われていたお金「石貨（せっか）」（日比谷公園）

お金は一大発明

お金は信頼の証

私たちは、小さいころからお金を使っています。でも、実際に使うのは、紙に金額を印刷した「お札（紙幣）」であったり、金属に金額を彫り込んだ「硬貨」であったりします。紙幣を製造する費用は、表面に印刷されている金額（額面）よりもはるかに少額です。それでも私たちは、額面の金額の方を信じて、買い物代金を受け払いしています。

歴史的にみても、お金は色々な材料で作られてきました。原始社会では「石」が、近代では「金」や「銀」が、現代では「紙（紙幣）」や「金属（硬貨）」が用いられてきました。銀行預金も現代のお金の一種ですが、その材料は、最近はコンピューター上の「電子記録」となっています。重要なのは、材料がなにかではありません。人々がお金をお金として信頼し、みなが使うかどうかです。

お金がない世界を想像してみましょう。この世界では、商品の売り買いは物々交換でしか成立しません。必要な商品がテレビゲームだったとして、それを手に入れたいときは、自分の作る商品、例えば果物や野菜を探している人を見つけてこなければなりません。果物であれテレビゲームであれ、そうした相手を探すのは大変です。また、将来に備え、貯蓄をするのも困難です。果物は腐るし、テレビゲームを蓄えても、同じゲームを将来の人々が喜ぶとは限りません。お金という、だれもが価値を信頼し、取引にも貯金にも使える一大発明のおかげで、人類は豊かな社会生活を送れるようになりました。

お金の3つの役割

お金には3つの役割があります。第1は「価値の尺度」。商品の価値を測る物差しの役割です。第2は「交換の手段」。商品と交換して、取引代金の決済を完了させる役割です。第3は「貯蓄の手段」。将来のために価値を貯蔵しておく役割です。これら3つの役割が発揮されて初めて、お金は経済の発展に貢献できることになります。そのためには、お金への信頼が盤石でなければなりません。現代の社会では、その信頼は中央銀行と国が支える仕組みによって成り立っています。

第1に、中央銀行の窓口を通じて発行される「現金」があります。日本でいえば、日本銀行券（紙幣）と硬貨です。第2に、民間銀行が人々から預かる「銀行預金」があります。民間銀行は国から経営の監督を受けており、安全性の高い資産です。この2つが「通貨」と呼ばれ、現代のお金の中核を占めています。

これに対し、俗に仮想通貨と呼ばれるビットコインなどは、中央銀行や民間銀行が発行するものではありません。価値の保証はなく、価格も不安定です。法律上も「暗号資産」と呼ばれ、「通貨」とはされていません。お金としての信頼性を欠き、3つの役割を果たせないと考えられているからです。

自宅で行うテレワークのイメージ。インターネット環境とパソコンやスマートフォンなどの電子機器があれば、ビデオ会議も可能。職場から離れた場所でも仕事ができる。

PICK UP NEWS
ピックアップニュース！

今回のテーマ
テレワーク

新型コロナウイルスの流行で、テレワークが増えています。テレワークとはテレ（遠く離れたところ）とワーク（働く）をつなげた造語で、職場ではなく、自宅などで仕事をすることです。

職場では多くの人が集まって仕事をするため、どうしても人と人が接触せざるをえず、密集、密室、密閉の「３密」になりやすいうえ、通勤によって感染が拡大することも考えられるので、政府もテレワークを推奨しています。

民間の研究所の調査では、今年３月の時点ではテレワークを行った人の割合は13％程度でしたが、４月に緊急事態宣言が出された直後は２倍以上の約28％の人がテレワークを行っています。いまはもっと増えているようです。

テレワークは自宅などでパソコンやスマートフォンを使い、資料や契約書を作成したり、仕事先とメールや電話で打ちあわせをしたりします。さらにはインターネットを利用して複数で打ちあわせや会議をすることも可能です。

テレワークは増えてはいますが、問題もあります。

緊急事態宣言時、政府は職場での仕事を原則、自宅で行い出勤者を３割以下とすることを企業に要請しましたが、企業としては、インターネットの利用によって、機密がどこまで守れるのかという深刻な問題があります。製造業など、工場に出向かないと仕事にならない業種もあり、すべての業種で可能というわけではありません。

インターネットで会議を行うにしても、外部からアクセスされないようにしたり、情報が漏れたりしないようにする必要があるため、高度のセキュリティーが求められます。このため、テレワークには技術的な問題と費用の面から、中小企業などでは導入が難しいという指摘もあります。

また、実際にテレワークを行っている人からは、自宅で自分のペースで仕事をするのでメリハリがない、直接顔を合わせないのでコミュニケーションが取りづらい、会社から適正に評価がされるのか、といった声も聞かれます。

新型コロナウイルスとの闘いは長期にわたりそうなので、テレワークの導入は、日本人の働き方のあり方を根本的に見直すきっかけになるかもしれません。

ジャーナリスト **大野 敏明**
（元大学講師・元産経新聞編集委員）

思わずだれかに話したくなる

名字の豆知識

第12回

今回は

加藤

加藤って加賀の藤原氏？

全国10位は「加藤」「加賀」との関係は？

「加藤」は全国で約85万3300人と推定され、人口のおよそ0・68%を占める全国第10位の大姓です（新人物往来社『別冊歴史読本 日本の苗字ベスト10000』より）。都道府県別にみると岐阜で1位、愛知で2位、三重で6位、神奈川、福井で7位、秋田、山形で8位、栃木、東京、静岡で9位、埼玉で10位です。中部、関東に多い名字といえそうです。

全国で多い名字ベスト10に入っている「藤」のつく名字は佐藤、伊藤、加藤です。佐藤は「佐野の藤原氏」、伊藤は「伊勢の藤原氏」が主流であることはこれまでの連載でみました。そこから、加藤は「加賀の藤原氏」と考えがちですが、そう単純ではないようです。

「加藤」の意味が加賀の藤原氏だとすると、加賀国のあった石川県での順位が高そうですが、28位で、全国平均よりもかなり低めです。

加藤姓の有名な武将といえば

「加藤」という歴史上の人物で、最も有名なのは加藤清正《かとうきよまさ》でしょう。加藤清正は通称虎之助。幼少時から豊臣秀吉《とよとみひでよし》に仕え、秀吉と柴田勝《しばたかつ》家《いえ》が戦った賤ケ岳《しずがたけ》の戦いで武勲を上げ、賤ケ岳七本槍の1人といわれました。1588年、肥《ひ》後《ご》（現・熊本県）の半分の25万石を与えられ、熊本城主となりました。朝鮮に出兵した文禄・慶長《けいちょう》の役《えき》では蔚山《ウルサン》の戦いで奮戦しました。朝鮮でのトラ退治の話は有名ですが、作り話と思われます。関ケ原の戦いでは徳川方につき、その功で肥後一国を与えられ、52万石の大大名になりました。ですが、2代目、忠広《ただひろ》は罪を得て、1632年に出羽《でわ》・庄内《しょうない》（現・山形県鶴岡市）にわずか1万石に移封となり、忠広の嗣子《しし》が早世し断絶となりました。幕府としては、豊臣恩顧の大名に難癖をつけて、廃絶に追いやったということでしょう。

清正の家系は伝承によれば、藤原北家《ほっけ》道長《みちなが》流で、子孫が「加藤武者《かとうむしゃ》」を称し、さらにその子孫が尾張《おわり》・中村（現・愛知県名古屋市中村区）に住み、その子孫、清信《きよのぶ》が斎藤道三《さいとうどうさん》に仕え、その孫の清正が豊臣秀吉に仕えたということになっています。

さて、ここで問題となるのは、「加藤武者」とはいったいなにかということです。それは「加藤」という名字を持ち、平安時代、院（法皇）の武者所《むしゃどころ》に勤務していた者ということです。本来は藤原氏で加賀出身の武士集団だったと思われますが、のちには加賀とは関係のない武者、藤原氏以外の武者も加わったと思われます。清正はその「加藤武者」の子孫ということになっていますが、実際のところは不明です。

賤ケ岳七本槍にはもう１人の加藤氏がいます。加藤嘉明《かとうよしあき》、通称孫六です。三河《みかわ》・長良郷（現・愛知県西尾市）出身。豊臣秀吉に仕え、最初、淡路《あわじ》（現・兵庫県淡路島）に所領を与えられ、のちに伊予《いよ》・松前《まさき》（現・愛媛県松前町）で6万石、次いで10万石。関ケ原の戦いでは徳川方に味方し、伊予・松山（現・松山市）20万石に移りました。その後、会津《あいづ》（現・福島県西部）で40万石の大大名になるものの、嘉明の次の明成《あきなり》の代にお家騒動などがあって、近江《おうみ》・水《みな》口《くち》（現・滋賀県甲賀市）2万石の大名として明治維新を迎えました。

そのほかにも大名となった加藤氏がいます。この加藤氏は藤原利仁《ふじわらのとしひと》の子孫とされています。利仁は藤原北家、房前《ふささき》の子、魚名《うおな》の5代の子孫です。その子孫、景道《かげみち》が加賀介《すけ》となって加藤を称したとされています。その子孫が美濃《みの》（現・岐阜県南部）に移って、織田信長《おだのぶなが》、豊臣秀吉に仕え、徳川時代は伊予・大洲（現・大洲市）で6万石（のちに5万石）の大名となりました。この加藤氏は加賀介であった藤原氏が名乗ったものです。

「あやかり姓」で「加藤」は増えた？

それでは加藤姓の人がすべて加賀の藤原氏かというと、必ずしもそうとはいかないようです。織豊時代から江戸時代初期にかけて、名字を何度も変える武士がいました。居住地が変遷したり、主君から新たな名字をもらったり、さらには強い武士にあやかったり、縁起をかついだり、というわけです。その強い武士に加藤清正がおり、少なくない武士がそれまでの名字を捨てて、加藤姓を名乗ったと考えられます。このため、本来の「加藤」の由来や血筋とは無関係な加藤氏が登場することになります。「加藤」が全国で10位の大姓であることを、加賀の藤原氏だけで説明するのは困難です。こうしたあやかり姓の存在も寄与していると考えられます。

首相では海軍軍人の加藤友三郎《かとうともさぶろう》（広島県出身）、外交官出身の加藤高明《かとうたかあき》（愛知県出身）がいます。

加藤清正と熊本城

サクセス印のなるほどコラム

身の周りにある、知っていると役に立つかもしれない知識をお届け!!

知ってる？　モンティ・ホール問題

先生！　ここにあるA、B、Cの３つの箱のなかから１つ好きな箱を選んでよ。

えっ？　なに？　さては箱を開けたらなにか飛び出してくるとか？

驚かそうとしているんじゃなくて、先生にプレゼントだよ。

怪しいな～、なにをもらえるのか教えてくれない？

３つの箱のうち２つはハズレで、１つだけお菓子が入ってるんだ。

じゃあ、真ん中のBの箱がいいなあ。

OK！　ちなみに、Aはね。ほらっ！　ハズレの空箱。

ふむふむ。

じゃあ先生、もう一度聞くけど、本当にBでいい？　いまならCに変えてもいいよ。

じゃあ、Cにするよ。

本当にいいの？　っていうか、先生、あっさり箱を変えたね。

うん。なんとなくね。

つまんないなあ～。そう、お菓子はCの箱に入ってるんだよ！

ごちそうさんです！

先生、もしかして知ってたの？

確率論の例題として有名なモンティ・ホール問題のことかな？　いまのA、B、Cの箱の場合、箱を変えなければ当たる確率は３分の１で、箱を変えたら３分の２になるんだよね。だから、途中で変えた方が計算上は当たりやすいんだ。

そっかあ、知ってたんだね。

でもね、知っていてもハズレを引くこともあるから、これはたまたまだよ。

いや、同じことを商店街の福引きでやっててさ、ぼくはまんまとはずれたんだよ。そのとき、箱を変えなかったからハズレを引いたのかなと思って調べたら、箱は変えた方が当たりやすいってわかった。それで、先生ならどうするかなって思ったんだ。

確率の問題だから、今回のように選び方によって当たりやすさが変わることはあるよね。でも、やはり選ぶのは本人だし、ハズレがない以外100％当たるくじはないから、くじ引きにそんなに深刻になることはないよ。

そうだけど、どうせなら当たりたいじゃん。

でもね、当たりやすいだけで、３分の２の確率で当たるということは、３分の１の確率ではずれる。だから３回に１回はハズレを引くこともあるって思えば、すべては本人次第じゃない？

でも、知っていてわざわざハズレを引く確率が高い選択をする必要はないよね？

まあ、そうだけど…あっ！　じゃあさ、宝くじを買うときはどうするの？

えっ？

過去に何度も１等当選が出ているとか、当たりやすいといわれている場所でキミは買う？

そりゃね、当たりやすいところで買えば当たりやすいんでしょ？

でもさ、当たりやすいということは、そこでたくさんの宝くじが販売されているわけだから、そのなかに当たりくじが入っている可能性は高いと思わない？

だからそこで買うんじゃん。

そうじゃなくて、たくさん売れている売り場から当選が出るのは当然なわけだよ。宝くじはどこで買っても当たる確率は変わらないよ。

その前に、ぼくは中学生だからまだ宝くじは自由に買えないんだよ。

こりゃ失礼！

ミステリーハンターQのタイムスリップ歴史塾

ポツダム宣言

今年もまた、終戦記念日が近づいてきました。平和な時代に生きる私たちだからこそ、戦争の歴史をしっかりと学ぶ必要があります。

勇　今年の8月は太平洋戦争の終戦から75年の節目だけど、どういう経緯で終戦になったの？

MQ　1941年12月、日本はアメリカ、イギリスに宣戦布告をして戦争が始まり、当初は優勢だったけど、次第に押され気味になって、1945年に入ると、硫黄島《いおう》や沖縄を失い、敗北は必至の情勢になっていた。5月に同盟国であるドイツが降伏したこともあって、アメリカを中心とする連合国は日本降伏に向けて、会談を開くことに決めたんだ。

静　連合国はいつ、どこで会談したの？

MQ　7月17日、ドイツのベルリン郊外のポツダムに、アメリカのトルーマン大統領、イギリスのチャーチル首相、ソビエト連邦（以下、ソ連。現在のロシア）のスターリン共産党書記長の3人が集まって行われた。

勇　会談ではどんなことが話しあわれたの？

MQ　日本をどうやって降伏させるか、戦後処理をどうするかということが議題だった。

静　それで、どういう結論になったの？

MQ　日本が敗北するまで戦うことを宣言し、戦争終結後は日本を軍事占領し、軍国主義者や戦争指導者を追放、日本の主権を本州、北海道、九州、四国とその付属の島だけに限定することなどを決めたんだ。さらに日本の民主化や、軍需産業の禁止なども盛り込まれた。

勇　ということは、ポツダム宣言は会談に参加していたアメリカ、イギリス、ソ連の3国で出されたってこと？

MQ　じつはこのとき、ソ連は日本と戦争をしていなかった。そういうこともあって、ポツダム宣言はトルーマン大統領、チャーチル首相、それに中華民国の蒋介石《しょうかいせき》国民政府主席の3人の共同宣言という形で出されたんだ。だから間違えやすいんだけど、蒋介石はポツダムには行っていないんだよ。

ソ連は8月8日に日本に宣戦布告をすると同時に宣言を追認する形をとったんだ。

静　ポツダム宣言はどのように日本に伝えられたの？

MQ　7月26日に宣言が出され、日本政府は当初、黙殺したけど広島、長崎に原爆が投下されて8月10日に受諾を申し入れ、8月15日に降伏したんだ。

その後、9月2日に東京湾に停泊していたアメリカの軍艦、ミズーリ号で日本政府と日本軍の全権が降伏文書に調印、ポツダム宣言は正式に外交文書として発効することになった。

ミステリーハンターQ（略してMQ）

米テキサス州出身。某有名エジプト学者の弟子。1980年代より気鋭の考古学者として注目されつつあるが本名はだれも知らない。日本の歴史について探る画期的な著書『歴史を掘る』の発刊準備を進めている。

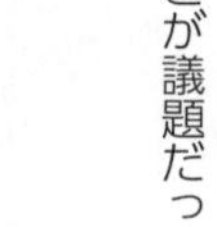

山本 勇

中学3年生。幼稚園のころにテレビの大河ドラマを見て、歴史にはまる。将来は大河ドラマに出たいと思っている。あこがれは織田信長。最近のマイブームは仏像鑑賞。好きな芸能人はみうらじゅん。

春日 静

中学1年生。カバンのなかにはつねに、読みかけの歴史小説が入っている根っからの歴女。あこがれは坂本龍馬。特技は年号の暗記のための語呂合わせを作ること。好きな芸能人は福山雅治。

「文系だから知らなくてもいい」は大間違い!

今月の1冊

『はじめてのサイエンス』

著/池上 彰
刊行/NHK出版
価格/780円+税

みんなもテレビなどで見たことがあるに違いない、ジャーナリストの池上彰さんによる「サイエンスとはなにか」をわかりやすく説明した本書。

とくに、自分のことを「文系」だと感じている人や、「理科や数学の知識なんて、普段の生活には関係ない!」と思っている人にぜひ読んでほしい、そんな内容になっている。

まず、著者は自分自身も「文系人間」で、「科学の専門書を見ると怖気をふるったものでした」と告白する。

しかし、NHKで「週刊こどもニュース」のキャスターを務めるようになると、様々な科学に関するニュースを、子どもたちが番組を見て理解できるように説明しなければならなくなった。専門書を読んだり、専門家の話を聞いたりするようにして理解を深めていくと、じつは「天気予報のような日常的な場面だけではなく、国際情勢から日本という国の未来まで、あらゆる局面に科学の考え方や発想が密接にかかわっていること」に気づいたのだという。

確かに、例えば、水素と酸素が合わさることで水ができるという化学の知識は、一見、知っていても知らなくても、我々の生活にはなんの問題もないように感じるかもしれない。

しかし著者は、そうではなくて、知れば知るほど、科学(サイエンス)の基礎的な知識があれば、社会のあり方から国際情勢、さらには地球の未来までを考える際の大きな助けとなると力説する。

そして、著者が考える「現代のサイエンス」として6つの項目(物理、化学、生物、医学、地学、環境問題)をあげ、1つずつ丁寧に説明していく。

科学的な知識とともに、そこに歴史や現代社会の問題点なども語られており、2016年の書籍ながら、新型コロナウイルスによる世界の混乱につながるような話も書かれていてドキッとさせられたりと、単純に読みものとしてもおもしろく読めることだろう。

グローバル教育出版の本

新刊案内

「先生を育て学校を伸ばす」ベテランが教える

生徒を育て、人を育て、そして、自分を育てる 先生のための本

本文60ページ分
増補・改訂

学校が伸びる

教員は、生徒に向ける関心こそが、自己の生徒指導の方法を磨いていくのだということに気づくべきです。生徒に「目をかけ、心をかけて」育てていくことで、教員自身も育てられているのです。それがひいては、学校を伸ばすことにつながります……著者

増補・改訂　淡路雅夫 著

先生！子どもが元気に育っていますか？

A５判　200ページ　1,600円＋税

淡路雅夫（あわじ・まさお）
淡路子育て支援教育研究所主宰。専門は子どもの教育・福祉を中心とした家族・親子問題。現在は、私立学校の教育顧問など教育アドバイザー。保護者の教育相談・講演・執筆を行うほか、教員管理職を対象とした勉強会も主催し、愛弟子も多い。近年は、私立幼稚園の保護者や教員・幼稚園協会での講演にも力を入れている。私立浅野中学・高等学校（神奈川県）元校長。

ISBN978-4-86512-188-9

この本は 先生のための「教科書」であり「強化書」である
森上教育研究所 所長 森上展安

http://www.g-ap.com

グローバル教育出版　〒101-0047 東京都千代田区内神田2-5-2 信交会ビル3階　電話 03-3253-5944　Fax 03-3253-5945

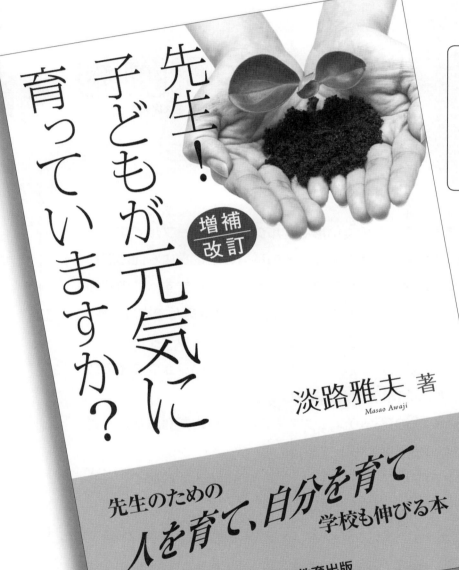

数学ランドへようこそ

ここ、数学ランドでは、毎月上級、中級、初級と
3つのレベルの問題を出題しています。各問題に生徒たちが
答えていますので、どれが正解か考えてみてくださいね。

TEXT BY 湯浅 弘一
ゆあさ・ひろかず／湘南工科大学特任教授、
NHK教育テレビ(Eテレ)高校講座に監修講師として出演中。

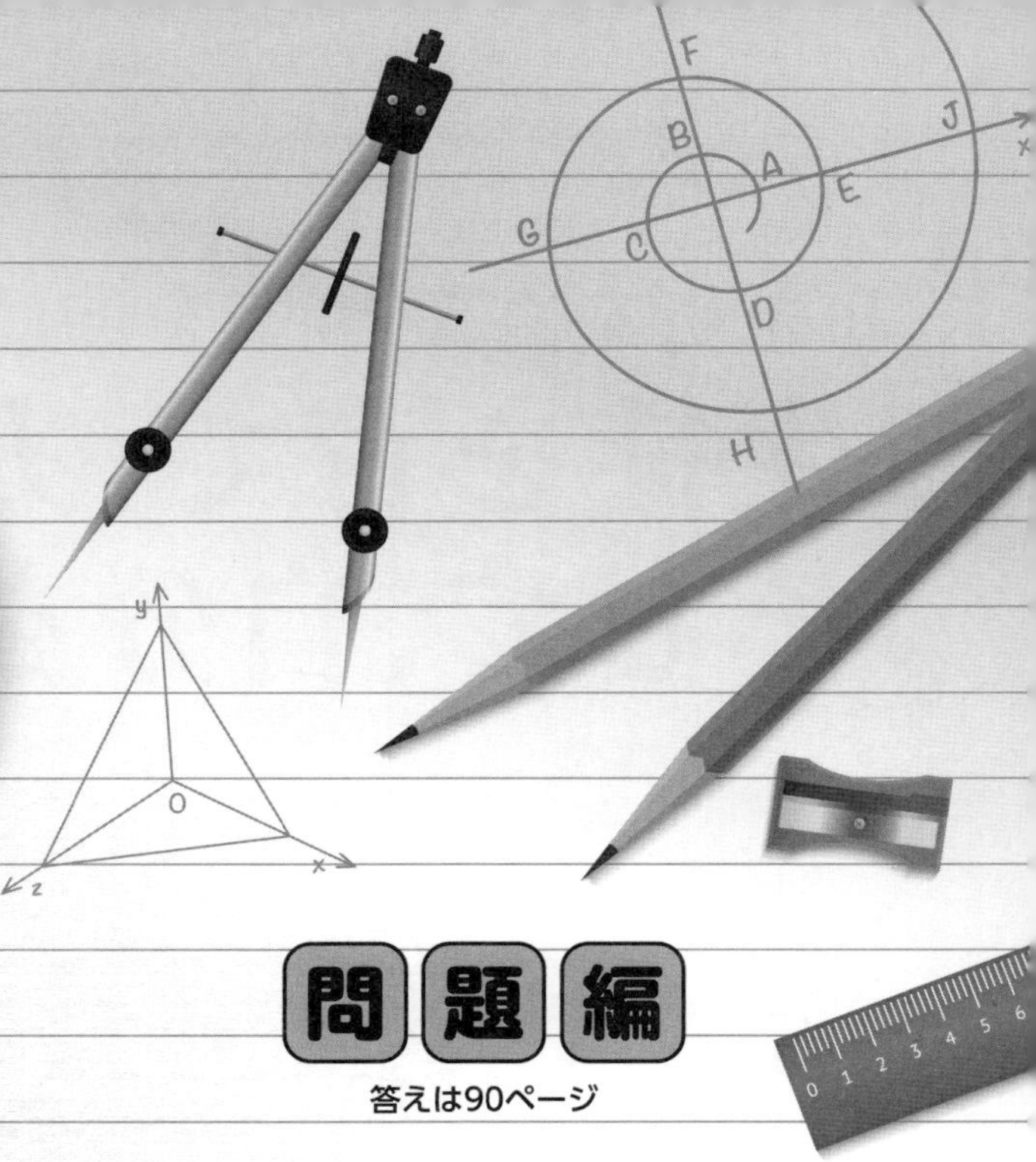

問題編

答えは90ページ

上級

中華テーブルをご存知ですか？　あの丸い形でグルグル回るテーブルです。ここに１～６までの番号が等間隔につけてあり、その番号のところに６皿の温かいシュウマイが外からは見えないようにフタをして置いてあります。この６皿のうち、隣りあう２皿のシュウマイには辛子《からし》がたっぷりと練り込んであります。太郎さんが、１～６番から１皿選んで食べたところ、このシュウマイには辛子が入っていませんでした。太郎さんが次も辛子が入っていないシュウマイの皿を選ぶ確率は、以下のどちらの案の方が高いでしょうか。

【案１】食べたシュウマイの次の番号のシュウマイを食べる（ただし最初に６番を食べたときの次の番号は１番とする）。

【案２】食べたシュウマイの皿にフタをしてテーブルを３回転し、改めて１～６の番号をふり、好きな番号の皿を選ぶ。

A

答えは…
案１
このまま次のお皿を
選ぶ方が確率が高い。

B

答えは…
案２
改めて回転した方が
確率が高くなるはず。

C

答えは…
どちらでもない
案１も案２もどちらも
同じ確率だから。

中級

Ｐさんと Q さんが同じ位置から1500mを同時に走り出すと、Pさんが先にゴールをし、そのときQさんはゴールより後ろに250mの位置を走っていました。そこで２人が同時にゴールするように、Ｐさんのスタート位置を初めの位置から後ろに下げることにしました。２人が同時にゴールするためには、Pさんのスタート位置を初めの位置よりどのくらい下げればいいでしょうか？

A

答えは…
250m
後ろに250mなんだから、同じ距離下げる！

B

答えは…
300m
う～ん。300m下げればいいんじゃない？

C

答えは…
450m
これってさ、計算すれば450mになるよ！

初級

正三角形PQRの土地の３辺の上を、３人の子どもp，q，rが同じ速さで歩きます。初めpはP、qはQ、rはRにいました。この３人は同時に出発をします。辺の途中で向きを変えることはしません。このとき、３人全員が辺の途中で出会うことがない確率を求めてください。

A

答えは…
$\frac{1}{2}$
出会うか出会わないかだから。

B

答えは…
$\frac{1}{3}$
３辺あるからみんなで１つずつ歩けばいい。

C

答えは…
$\frac{1}{4}$
みんな最初の地点から見て２つの道を選ぶから。

上級

正解は **A**

最初に選んだ皿は辛子なしだったので、そのほかの皿の配置は以下の４通りが考えられます。

【済】＝最初の辛子なしだった皿（位置１番）

【入】＝辛子入りの皿

【空白】＝辛子が入っていない皿

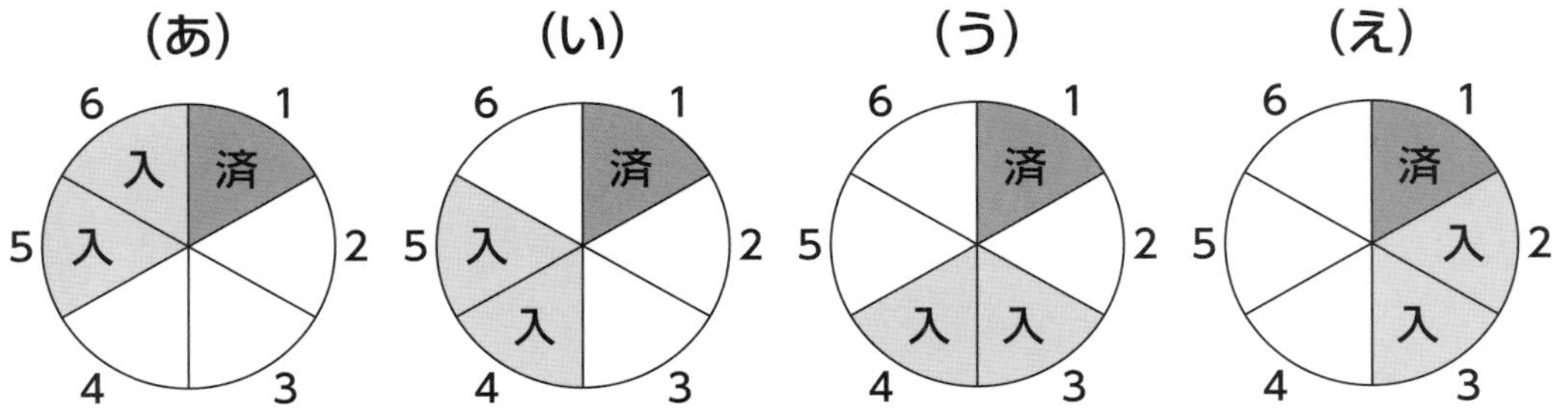
（あ）
（い）
（う）
（え）
1
2
3
4
5
6
済
入

このうち（え）のときには、次に辛子入りがきますが、（あ）～（う）であれば辛子なしになるので、この確率は$\frac{3}{4}$です。

しかし、改めてテーブルを回転をしたときは、辛子なしが４カ所、辛子入りが２カ所ですから、辛子なしの確率は$\frac{4}{6}=\frac{2}{3}$です。

$\frac{3}{4}>\frac{2}{3}$ですから、次も辛子なしである確率はテーブルを回転しない方が高いのです。

A
やったね!!
B
回転した方が確率は
低くなるよ。
C
同じ確率にはならない
んだけど…。

中級

正解は B

スピードの比を見ると

Pさん：Qさん＝1500：（1500－250）＝1500：1250＝6：5。

ということは、同時に到着するには距離が6：5であればいいから、

6：5＝x：1500を解くと、x＝1800。

1800－1500＝300なので、Pさんの当初のスタート地点よりも300m下げたところを新たなスタート地点にすれば、両者同時にゴールします。

A
そんな単純だったら
問題にしないよ。
B
やったね!!
C
どんな計算をすると
450mになるの？

初級

正解は C

例えば、pさんがP→Qに向かうとすると、qさんがQ→Pを選ぶとpさんと出会ってしまうので、qさんはQ→Rを選びます。この確率が$\frac{1}{2}$…①

このとき、rさんはR→Pを選ぶしかないので、この確率が$\frac{1}{2}$…②

①②より$\frac{1}{2}\times\frac{1}{2}=\frac{1}{4}$となります。

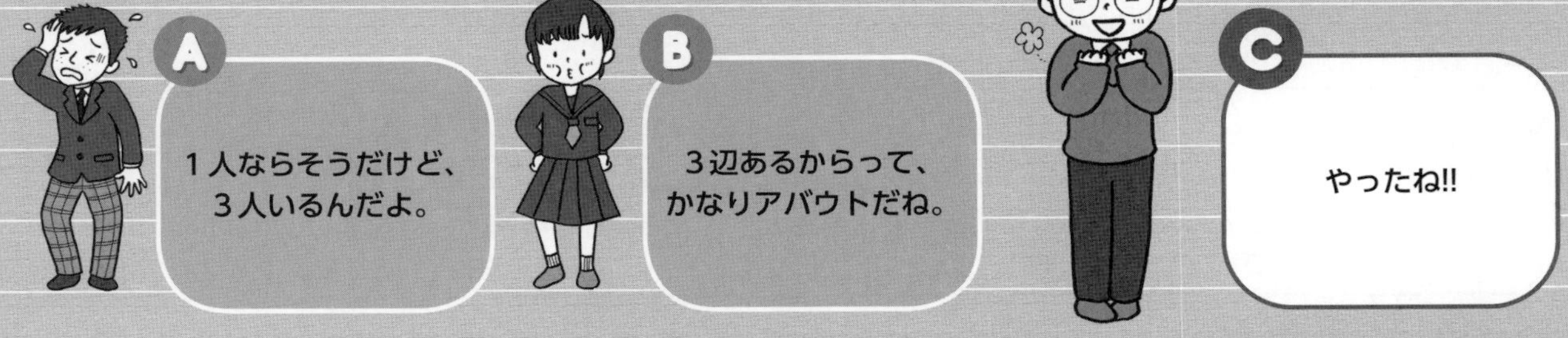
A
1人ならそうだけど、
3人いるんだよ。
B
3辺あるからって、
かなりアバウトだね。
C
やったね!!

4月号の答えと解説

問題 マスターワード

？に入る文字を推理するパズルです。☆は？に入る文字が使われていますが、入る位置が違うことを表しています。☆１個は１文字です。★は入る位置も正しく使われています。また、単語は、BOOKやEVERYのように、同じ文字が含まれていることはありません。

【例】次の？？？にあてはまる３文字の英単語を答えなさい。

？？？

①	CAT	☆☆
②	EAT	☆☆
③	SEA	☆☆
④	USE	★

【解き方】

③と④を比べると、Aが使われていて、Uは使われていないことがわかり、さらに②、③から、Aは１文字目です。

次に、④でSが使われているとすると、Eは使われていないことになり、②からTが使われていることになります。ところが、④からSは２文字目の位置になるから、Tの位置が①、②と矛盾します。

よって、④ではEは使われていることになり、②からTが使われていないことになります。こうして推理を進めていくと？？？は“ACE”ということがわかります。

それでは、この要領で次の問題を考えてみてください。

【問題】次の？？？？？に当てはまる５文字の英単語は何でしょうか？

？？？？？

①	LAUGH	★☆☆
②	QUIET	☆☆☆
③	TABLE	☆☆☆
④	BREAK	★☆
⑤	APRIL	★☆

ヒント：①、②を比べると、５文字の単語であることから、使われているアルファベットの種類が絞られます。

解答 EQUAL（…と等しい、同等な）

解説

まず、①、②を比べると、Uの文字だけが共通です。

もし、Uが使われていないとすると、①でL、A、G、Hのなかから３文字、②でQ、I、E、Tのなかから３文字が使われていることになり、５文字をオーバーしてしまいます。したがって、Uは使われていて、①でL、A、G、Hのなかから２文字、②でQ、I、E、Tのなかから２文字が使われていることになります。以上より、A、E、G、H、I、L、Q、T、U以外の文字は使われていないことがわかります（右の表を参照）。

[A]	B	C	D	[E]	F	[G]	[H]	[I]
J	K	[L]	M	N	O	P	[Q]	R
S	[T]	[U]	V	W	X	Y	Z	

よって、④ではB、R、Kは使うことができないので、④で使われている文字はE、Aと決まります。すると、⑤ではAが使われ、P、Rは使われないので、IかLのどちらかが使われています。

もし、⑤でIが使われ、Lが使われないとすると、②よりTが使われないことになり、③で使われる文字が２つだけになってしまいます。これは条件に合わないので、⑤ではIは使われず、Lが使われていることになります。よって、③でTは使われないから、②よりQが使われていることがわかります。

こうして、使われているのは、A、E、L、Q、Uの５文字と決まります。

ここで、⑤に注目して、Aの位置が正しいとすると、３番目の位置は①よりU、④よりEとなるので矛盾が生じます。したがって、⑤よりLは５番目の位置と決まります。また、④でEの位置が正しいとするとAの使われる場所がなくなるので、Aは４番目の位置と決まります。さらに、①よりUが３番目の位置と決まり、②よりQが２番目の位置と決まるので、Eは残りの１番目の位置に決まります。

以上より、問題の単語は「EQUAL」ということがわかります。

4月号パズル当選者（全正解者27名）

黒澤穂香さん（中３・埼玉県）　泉　咲良さん（中３・埼玉県）　寺崎　琴さん（中３・神奈川県）
吉内　快さん（中３・神奈川県）

解いてすっきり

パズルでひといき

今月号の問題

熟語組み立てパズル

【例】のように、ばらばらになった漢字を組みあわせて漢字２字の熟語を作ってください。最後に、できあがった10個の熟語を五十音順に並べたとき、一番後ろにくる熟語を答えてください。

【例】	人・力・内・月・竹	筋	肉
①	少・田・目・各		
②	心・日・亜・取		
③	口・方・言・門		
④	心・穴・至・自		
⑤	一・力・口・止・貝		
⑥	口・口・五・玉・言		
⑦	木・斤・立・耳・門		
⑧	女・欠・可・可・臣		
⑨	八・九・十・刀・石・米		
⑩	几・又・手・皮・石・車		

今月のプレゼント！

小さくてもたっぷり使える修正テープ

ミドリの「XS」は、コンパクトながら機能性が高く、使いやすさと携帯性を重視した文房具のシリーズです。今回はそのなかでも最軽量、わずか６ｇで4.2m使用できる「**XS修正テープ**」を４名さまにプレゼントします。

4名さまに

応募方法

左のQRコードまたは104ページからご応募ください。

◎正解者のなかから抽選で４名の方に右の「**XS修正テープ**」をプレゼントいたします。

◎当選者の発表は本誌2020年12月号誌上の予定です。

◎**応募締切日 2020年8月15日**

サクセス映画館

歌って踊ってハッピーに！

メリー・ポピンズ リターンズ
みんなが笑顔になる魔法

2018年／アメリカ
監督：ロブ・マーシャル
「メリー・ポピンズ リターンズ」
ディズニープラスで配信中

ピンチにおちいったバンクス一家が、魔法使いメリー・ポピンズのおかげで幸せを取り戻す様子を描いた名作ミュージカル映画「メリー・ポピンズ」（1964年製作）が、半世紀ぶりに帰ってきました。

　前作で子どもだったマイケル・バンクスは父となり、3人の子どもと暮らしています。しかし現状は、最愛の妻に先立たれ、家までも失うかもしれないというどん底状態。そこへ再び現れたメリー・ポピンズは、子どもたちを〝おとぎの世界〟へと連れ出します。実写とアニメーションが融合した歌や踊りのシーンは必見。明るさを取り戻した子どもたちの行動力が、一家の運命を大きく変えていく様子も痛快です。

ダンスウィズミー
催眠術にかかるのも悪くない!?

2019年／日本
監督：矢口史靖
「ダンスウィズミー」
DVD発売中
価格：4,527円＋税
発売元：ワーナー・ブラザース ホームエンターテイメント
販売元：ワーナー・ブラザース ホームエンターテイメント

OLの静香は、音楽が聞こえると歌って踊らずにはいられなくなる催眠術をかけられ、会議中でも食事中でも、音楽がかかれば勝手に動く身体になってしまいます。困った静香は催眠術を解いてもらうため、催眠術師を探し始めます。

　先々でハプニングに見舞われるものの、ダンスと音楽のパワーでなんとか乗り越えていきます。緊迫した場面から突然、音楽とともに踊り出す〝変調〟がじつにコミカル。愉快でハッピーなダンスと音楽にパワーをもらえます。たとえ気持ちが沈んでいても、歌って踊れば気分スッキリ。すると本当の自分も見えてくるものです。こんな世の中だからこそおすすめの作品です。

舞妓はレディ
舞妓をめざして日々奮闘

2014年／日本
監督：周防正行
「舞妓はレディ　スタンダード・エディション」
DVD発売中
価格：3,800円＋税
発売元：フジテレビジョン
販売元：東宝

舞妓になることを夢みる春子の、修業と成長の日々を描いたミュージカル映画です。なんのあてもなく突然訪問してきた春子を、最初は門前払いする女将でしたが、近年の舞妓不足の現状、さらに言語学者・京野が鹿児島弁と津軽弁がまざった春子のなまりを矯正すると申し出たことで、一門に迎え入れることにします。ただ、想像以上に舞妓の修行、そしてなまりの矯正は大変で…。

　見どころは着物姿で激しいダンスを踊る和洋折衷のミュージカルシーン。春子の清らかな歌声にも癒されます。春子の成長を見守りながら、「一見さんお断り」という風習の真意など、京都の古きよき習わしや文化に触れられる作品でもあります。

埼玉私学フェア2020

事前予約制

個別相談で自分の最適受験校を探す

8月1日より埼玉県私立中学高等学校協会HPから事前予約開始予定

※日程および内容は変更されることがあります。詳しくは埼玉県私立中学高等学校協会HPでご確認ください。

当協会HP
QRコード

川越展 2日間開催

8月22日㊏ 10時～17時
23日㊐ 10時～16時

会場：ウェスタ川越　1階　多目的ホール

大宮展 2日間開催

8月29日㊏ 10時～17時
30日㊐ 10時～16時

会場：大宮ソニックシティ　第1～5展示場
市民ホール402、403

熊谷展 2日間開催

9月20日㊐ 10時～17時
21日（月祝） 10時～16時

会場：キングアンバサダーホテル熊谷　3階
プリンス・プリンセス

埼玉県内私立高校　※は中学校を併設

（参加校は会場によって異なります。ホームページでご確認ください）

青山学院大学系属	春日部共栄※	淑徳与野※	東野
浦和ルーテル学院※	川越東	城西大学付属川越※	武南※
秋草学園	慶應義塾志木	正智深谷	星野※
浦和明の星女子※	国際学院※	昌平※	細田学園※
浦和学院	埼玉栄※	城北埼玉※	本庄第一※
浦和実業学園※	埼玉平成※	西武学園文理※	本庄東※
浦和麗明	栄北	西武台※	武蔵越生
叡明	栄東※	聖望学園※	武蔵野音楽大学附属
大川学園	狭山ヶ丘※	東京成徳大学深谷※	武蔵野星城
大妻嵐山※	志学会	東京農業大学第三※	山村学園
大宮開成※	自由の森学園※	東邦音楽大学附属東邦第二	山村国際
開智※	秀明※	獨協埼玉※	立教新座※
開智未来※	秀明英光	花咲徳栄	早稲田大学本庄高等学院

読者が作る おたよりの森

テーマ
勉強のコツ【国語】

説明文では、**作者がなにを伝えたいのか**を読み取ることが大事だと思います。
（中３・まほろばさん）

漢字はひたすら書いて覚えるのもいいけど、１回**大きく紙に書いて**それをなぞるのを試してみたら意外と覚えられました。
（中２・なぞるんさん）

時事ニュースなどで自分が思った意見を家族などに話し、相手に**自分の考えを伝える**練習をする。
（中３・フジトンコツもっこりラーメン園野さん）

文章を読むこと自体が苦手だったけど、図書委員の友だちがおすすめしてくれた小説を読んでみたらおもしろくて、そこから読書にはまりました。国語が苦手な人は、まず**好きになれる本を探してみる**といいと思います！
（中２・Kちゃんありがとうさん）

日記をつけています。文章がうまくなったかはわからないけど、作文は日記をつけ始める前よりも書きやすくなりました。
（中２・U.O.さん）

テーマ
励まされたひと言

学校で久々に会った友だちに**「会いたかったよ！」**と言われたことです。やっぱり顔を合わせて話せるって楽しい！
（中１・とっこさん）

ひと言ではないですが、練習した成果を大会で発揮できなくて悔しくて泣いてしまいそうになったとき、チームメイトが無言で**背中をトントンってたたいて**くれました。励ましのような慰めのようなトントンが嬉しかったです。
（中３・陸上部員さん）

（テストでさんざんな点数をとった私に）**「あとは伸びるしかないじゃん！」**と言ってくれた友だちのひと言に救われた。
（中２・のびしろモトムさん）

来年の受験がどうなるかまだまだ不安ななか、塾の先生に**「いっしょに頑張ろう」**と言われたのが嬉しかったです。
（中３・O.Y.さん）

この間すごく落ち込んでいたら、飼っている**イヌ**がいつもと違う感じでほえました。私には励ましているように聞こえたんですよね。
（中２・ペロありがとさん）

テーマ
自分の好きなところ

なにかあっても、**寝たら元気になる**ところかな。気分が乗らなくなったらいったん寝て、すっきりした気持ちで次に進むようにしてます。
（中３・もみじさん）

耳を動かせるんです！　とくに役には立たないけど、特技が１つでもあってよかったなと…。
（中３・I.M.さん）

食べものの**好き嫌いがない**ところ！　なんでも食べるのが一番！
（中１・くいしん棒さん）

身体がとにかく強い！　風邪《かぜ》もめったにひかないので、基本はいつも皆勤賞です。
（中１・体力おばけさん）

細かいことを気にしないところ。おおざっぱなのかもしれないけど、つまり大らかだってことだよね！
（中２・O型の人さん）

必須記入事項

名前／ペンネーム／学年／郵便番号／住所／本誌をお読みになっての感想／投稿テーマ／投稿内容

右のQRコードからケータイ・スマホでどしどしお寄せください！
住所・氏名は正しく記入してください

Present!! 掲載された方には抽選で３名に**図書カード**をお届けします！
（500円相当）

募集中のテーマ

将来なりたい職業は？
勉強のコツ【数学】
好きな映画の主人公

応募〆切2020年8月15日

ここから応募してね！

ケータイ・スマホから
上のQRコードを
読み取って応募してください。

掲載にあたり一部文章を整理することもございます。個人情報については、図書カードのお届けにのみ使用し、その他の目的では使用いたしません。

英知をもって国際社会で活躍できる人間を育成する。

—— 創造的学力・国際対話力・人間関係力の３つの資質・能力を形成する特色教育 ——

【進学教育】類型制により個性を生かした教科学習で深い学びをし創造的学力を育みます。
理数選抜類型：先端科学講座・プログラミング講座・放課後科学実験等の実施
英語選抜類型：英語の４技能を育てる外国事情・時事英語・TOEFL講座等の実施
特進選抜類型：2年次に文理の選択科目・英検対策・放課後課外講座の自由選択等の実施

【国際教育】英検取得・国際理解・国際交流・6コース5か国（オーストラリア・ニュージーランド・カナダ・タイ・台湾）の海外研修の実施により国際対話力を育みます。

【福祉教育】多彩なボランティア活動を提供し、自主的な活動を通して人間関係力を育みます。

学校説明会 生徒・保護者対象 要予約

7月26日(日)　8月30日(日)
10月24日(土)　11月 7 日(土)
11月28日(土)　12月 5 日(土)

個別相談会 生徒・保護者対象 要予約

7月26日(日)　8月30日(日)
10月24日(土)　11月 7 日(土)
11月28日(土)　12月 5 日(土)
12月26日(土)

＊実施の詳細はホームページでご確認ください。

① 東京都、神奈川県の公立中学生対象
② 国立大付属、私立中学生、埼玉県・千葉県公立中学生、及び①以外の公立中学生対象
① ②で時間が異なりますのでご注意ください

順天高等学校

王子キャンパス（京浜東北線・南北線 王子駅・徒歩3分）
東京都北区王子本町1-17-13　TEL.03-3908-2966
新田キャンパス（体育館・武道館・研修館・メモリアルホール・グラウンド）
https://www.junten.ed.jp/

多彩な学びのフィールドを備えた八王子高等学校。あなたはいろいろな人と関わりながら、高度な知性と豊かな心を身につけたグローバル人材へと成長していきます。その活躍の舞台は、まさに世界へと広がり、3年間で学ぶこと、経験することのすべてが自分で思い描く未来に必要な力となり、何気ない毎日の小さな一歩の積み重ねが、大きな未来へとつながるのです。

人は、人と、輝く。

Hachioji Senior High School

八王子学園
八王子高等学校
Hachioji Senior High School

〒193-0931東京都八王子市台町4-35-1　URL http://www.hachioji.ed.jp
Tel.042-623-3461(代)　E-mail info@hachioji.ed.jp

JR中央線「西八王子」から徒歩5分

● 個性を活かす3コース／3クラス／3類系　● 年々伸びる合格実績　● 全国レベルを誇るクラブ活動

■文理コース（特進クラス／選抜クラス／進学クラス）　■総合コース（文科系／音楽系／美術系）　■アスリートコース

学園祭開催予定 9/26(土)・9/27(日)

※説明会は本校公式サイトにて完全予約制です。 ※詳しい学校紹介は公式サイトまたは学校案内をご覧ください。｜ 英検®は、公益財団法人 日本英語検定協会の登録商標です。

2021年度より、

インターナショナルスクールIB校との教育提携を始動いたします。

教育内容が大きく飛躍します。

国際教養コース　**理数キャリア**コース　**スポーツ科学**コース

スーパーグローバルハイスクール（SGH）アソシエイト指定校〈2015～2019〉／スーパーサイエンスハイスクール（SSH）〈2012～2017〉

学校説明会

7月26日（日）
8月29日（土）
11月 1 日（日）
11月29日（日）

夜から説明会

8月21日（金）

授業・部活動体験

8月22日（土）
8月23日（日）

授業が見られる説明会

9月12日（土）
10月10日（土）
10月31日（土）
11月14日（土）

入試解説

10月11日（日）
11月23日（月祝）

詳しくは本校HPをご覧ください

＊日程に変更が生じた場合は、HP、Twitterにてお知らせいたします。【Twitter（@BunkyoGakuinGH）】
＊いずれの回も予約制となります。HPよりご予約ください。
＊各回共、校舎見学・個別相談をお受けしています。

United Nations Educational, Scientific and Cultural Organization　Member of UNESCO Associated Schools

文京学院大学女子高等学校

Bunkyo Gakuin University Girls' Senior High School

〒113-8667 東京都文京区本駒込 6-18-3
tel：03-3946-5301　mail：jrgaku@bgu.ac.jp　http://www.hs.bgu.ac.jp/
最寄り駅…JR山手線・東京メトロ南北線「駒込」駅より徒歩５分　JR山手線・都営三田線「巣鴨」駅より徒歩５分

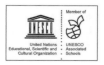

夢が広がる高校選びの情報満載!

Success15

8月号

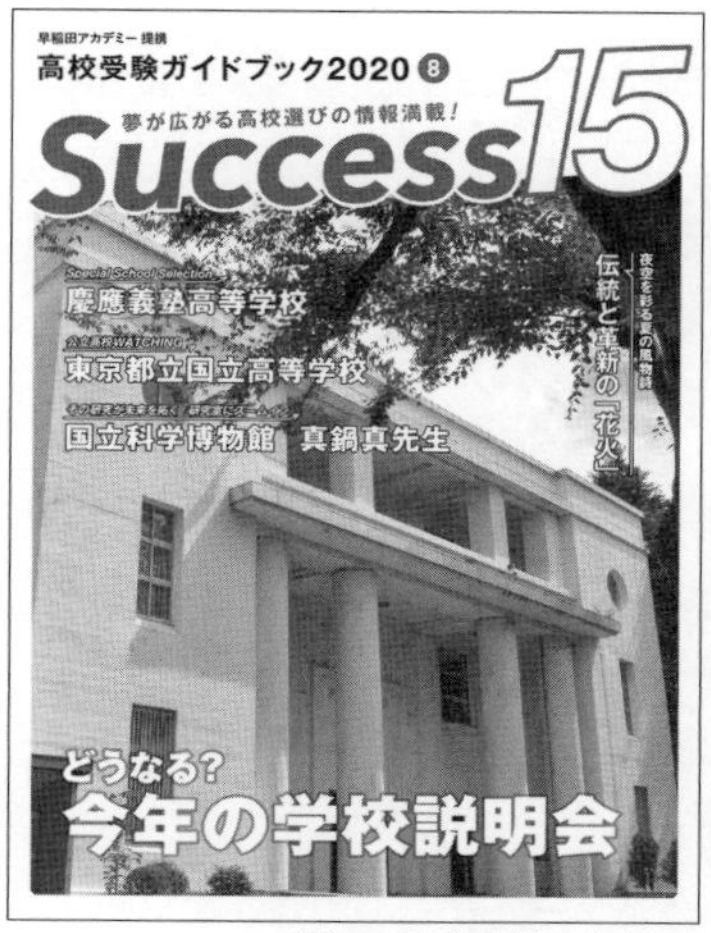

表紙：慶應義塾高等学校

FROM EDITORS 編集室から

今月号の「研究室にズームイン」は、国立科学博物館で恐竜の化石について研究をされている真鍋先生のお話を伺いました。とくに印象深いのはティラノサウルスのお話です。じつは立ち上がる際に負担がかかり、人間でいう鎖骨が疲労骨折していたというのは、かっこいいイメージとはかけ離れていて、なんだか意外でした。

特集２の記事では、今年は新型コロナウイルスの影響で全国的に開催中止になってしまった花火を、たくさんの写真とともに取りあげてみました。みなさんが勉強の息抜きに眺めて楽しんでもらえたら嬉しいです。

今夏は例年より蒸し暑くなるそうなので、健康には十分気をつけて、水分補給をしっかりしてくださいね。（H）

Next Issue 夏・増刊号

Special 1

中学生だって知ってほしい 大学のこと 大学入試のこと

Special 2

知らないところで大活躍! 「ダム」のいろは

公立高校 WATCHING

神奈川県立柏陽高等学校

突撃スクールレポート

拓殖大学第一高等学校
目黒日本大学高等学校

研究室にズームイン

産業技術総合研究所 大木 達也 先生

※特集内容は変更されることがあります。

Information

『サクセス15』は全国の書店にてお買い求めいただけますが、万が一、書店店頭に見当たらない場合は、書店にてご注文いただくか、弊社販売部、もしくはホームページ（104ページ下記参照）よりご注文ください。送料弊社負担にてお送りします。定期購読をご希望いただく場合も、上記と同様の方法でご連絡ください。

Opinion, Impression & ETC

本誌をお読みになられてのご感想・ご意見・ご提言などがありましたら、104ページ下記のあて先より、ぜひ当編集室までお声をお寄せください。また、「こんな記事が読みたい」というご要望や、「こういうときはどうしたらいいの」といったご質問などもお待ちしております。今後の参考にさせていただきますので、よろしくお願いいたします。

サクセス編集室 お問い合わせ先

TEL : 03-5939-7928　FAX : 03-3253-5945

今後の発行予定

8月21日	11月15日
夏・増刊号	2020年12月号
9月17日	2021年1月15日
2020年10月号	2021年2月号
10月15日	2021年3月15日
秋・増刊号	2021年4月号

FAX送信用紙

※封書での郵送時にもコピーしてご使用ください。

93ページ「熟語組み立てパズル」の答え

氏名

学年

住所（〒　　　－　　　）

電話番号

（　　　　）

現在、塾に

通っている　・　通っていない

通っている場合

塾名

（校舎名　　　　）

面白かった記事には○を、つまらなかった記事には×をそれぞれ3つずつ（　）内にご記入ください。

（　）04 どうなる？ 今年の学校説明会
（　）06 学校説明会で学校は君になにを語りたいか
（　）10 勝手が違った2020年の学校説明会
（　）13 夜空を彩る夏の風物詩 伝統と革新の「花火」
（　）22 Special School Selection 慶應義塾高等学校
（　）28 公立高校WATCHING 東京都立国立高等学校
（　）33 受験生のための明日へのトビラ
（　）36 突撃スクールレポート 開智高等学校
（　）38 スクペディア 法政大学第二高等学校
（　）39 スクペディア 多摩大学目黒高等学校
（　）40 スクペディア 東京成徳大学高等学校
（　）41 スクペディア 昭和学院秀英高等学校
（　）43 2020年度公立高校入試結果分析
（　）52 高校受験質問箱
（　）56 レッツトライ！ 入試問題
（　）58 中学生の未来のために！ 大学入試ここがポイント
（　）59 研究室にズームイン 国立科学博物館 真鍋真先生
（　）66 東大入試突破への現代文の習慣
（　）70 こちら東大はろくま情報局
（　）72 キャンパスデイズ十人十色
（　）77 ちょっと得する 読むサプリメント
（　）78 マナビー先生の最先端科学ナビ
（　）80 中学生のための経済学
（　）81 ピックアップニュース！
（　）82 名字の豆知識
（　）84 サクセス印のなるほどコラム
（　）85 ミステリーハンターQのタイムスリップ歴史塾
（　）86 Success Book Review
（　）88 数学ランドへようこそ
（　）92 解いてすっきり パズルでひといき
（　）94 サクセス映画館
（　）96 読者が作る おたよりの森

FAX.03-3253-5945 FAX番号をお間違えのないようお確かめください

サクセス15の感想

高校受験ガイドブック2020 8 Success15

発　行：2020年7月17日 初版第一刷発行
発行所：株式会社グローバル教育出版　〒101-0047 東京都千代田区内神田2-5-2 信交会ビル3F
TEL：03-3253-5944
FAX：03-3253-5945
HP：http://success.waseda-ac.net/
e-mail：success15@g-ap.com

郵便振替口座番号：00130-3-779535
編　集：サクセス編集室
編集協力：株式会社 早稲田アカデミー

【個人情報利用目的】ご記入いただいた個人情報は、プレゼントの発送およびアンケート調査の結果集計に利用させていただきます。